2021年度天津市教育科学规划青年一般课题《"艺+科"融合背景下动画艺术与科普教育协同发展研究》研究成果，课题编号：EIE210305。

｜光明学术文库｜经济与管理书系｜

信息时代大众文化消费与动画广告的关系研究

刘 坤 | 著

光明日报出版社

图书在版编目（CIP）数据

信息时代大众文化消费与动画广告的关系研究 / 刘坤著. -- 北京：光明日报出版社，2023. 1

ISBN 978 - 7 - 5194 - 7091 - 3

Ⅰ. ①信… Ⅱ. ①刘… Ⅲ. ①群众文化-消费-关系-动画-广告-研究-中国 Ⅳ. ①G241. 3②F713. 8

中国国家版本馆 CIP 数据核字（2023）第 030751 号

信息时代大众文化消费与动画广告的关系研究

XINXI SHIDAI DAZHONG WENHUA XIAOFEI YU DONGHUA GUANGGAO DE GUANXI YANJIU

著　　者：刘　坤

责任编辑：刘兴华　　　　　　　　责任校对：乔宇佳
封面设计：中联华文　　　　　　　责任印制：曹　净

出版发行：光明日报出版社

地　　址：北京市西城区永安路 106 号，100050

电　　话：010-63169890（咨询），010-63131930（邮购）

传　　真：010 - 63131930

网　　址：http：// book. gmw. cn

E - mail：gmrbcbs@ gmw. cn

法律顾问：北京市兰台律师事务所龚柳方律师

印　　刷：三河市华东印刷有限公司

装　　订：三河市华东印刷有限公司

本书如有破损、缺页、装订错误，请与本社联系调换，电话：010 - 63131930

开　　本：170mm×240mm

字　　数：165 千字　　　　　　　印　　张：13.5

版　　次：2023 年 1 月第 1 版　　　印　　次：2023 年 1 月第 1 次印刷

书　　号：ISBN 978 - 7 - 5194 - 7091 - 3

定　　价：85.00 元

序

    著作《信息时代大众文化消费与动画广告的关系研究》是 2021 年度天津市教育科学规划青年一般课题（课题编号：EIE210305）的成果。《信息时代大众文化消费与动画广告的关系研究》的特点在于：现代广告是商业与艺术的结合体，在很多广告作品中都蕴含着二者的对话。信息时代下，信息传播呈现出多样化的特点，动画广告作为商家数字营销的手段，亦表现出了强大的生命力，但相较产业界广泛采用动画广告达到一定的商业目的，理论界对于动画广告的研究似乎还不够充分。因此，著作《信息时代大众文化消费与动画广告的关系研究》从信息时代大众文化消费趋势研究入手，讨论在信息时代背景下动画广告产生与形成的社会动因，本研究包括信息时代大众审美趣味与文化消费心理、信息时代新媒体广告信息传播特征及其对动画广告的影响、信息时代基于泛娱乐视角的动画广告交互体验与创意策略、信息时代中美动画广告比较等内容，并在以上研究的基础上，进一步结合作者近年来的教学实践，以 2021 年度天津市教育科学规划青年一般课题（课题编号：EIE210305）为依托，探索信息时代背景下动画广告的课程思政建设路径，在此过程中，笔者设置了若干创作实践类的衍生课题，衍生课题方向分别涉及城市环保、垃圾分类、丝绸之路、冬奥会、非物质文化遗产、传统文化、精准扶贫、汉字艺术等，并基于以上衍生课题方向分别指导学生创作具有科普性质的动画短片，部分创作实践成果展示见本著作第八章与第九章的内容。因作者理论研究水平有限，在论述过程中难免会出现看法偏颇、分析浅显的问题，还请各位业内专家、教育同行与师生学者不吝赐教，多多指正。

《信息时代大众文化消费与动画广告的关系研究》的出版，离不开学界前辈的理论贡献与支持，在此真诚地感谢被本著作引用和参考过的文献作者，其中所涉及的各项图片、引文、参考文献、数据信息等资料绝大部分都已经标明出处，但仍会有极少数资料因无法核实而未能标出，在此深表歉意。

刘坤

2022 年 12 月于天津

目 录
CONTENTS

第一章

绪 论

文化消费是一种符号象征与价值，它反映了全球区域性，甚至全球性大背景下大众消费时代的生活方式、价值取向与生活格调。从文化变迁角度看，当代文化消费发展存在于现代性的经济全球化与文化全球化之中。新媒体、新商业、新流行等领域的高度发展，促进了文化消费、体验消费、全球时尚与青年流行文化的广泛拓展和多层次发展。这是21世纪中国最重要的文化现实，也是当代青年和代际文化交往最深刻的领域。

如今，文化消费是由广告、电视、新媒体、商业品牌、新型商场、购物中心等发展起来的一种具有象征意义的休闲生活方式和价值选择。21世纪以来，随着中国式消费社会的形成和文化消费的不断发展，中国经济已成为全球经济发展的重要推动力和市场之一，其商品的社会化程度普遍提高，科技应用的范围逐步扩大，社会必要劳动时间大大减少，传统营销的四种手段（广告、促销、大众营销和直销）在人们的生活中得到广泛应用。其中，广告宣传作为商品营销中最快捷、最有效的行销手段，正日益成为众多企业或品牌展示其商品定位的重要手段之一，在引导文化消费、帮助人们构建"一种具有象征意义的休闲生活方式和价值选择"等方面发挥着重要作用。

当前，学界对文化消费、体验式消费的研究与全球化、信息化时代所产生的新消费方式密切相关，而这种新消费方式的产生是由战后发达国家社会结构的新变化、新形态所致，可以说它已成为一个跨学科的文化研究领域。笔者拟从文化现代性和文化消费两个角度，以动画广告为切入点，分析信息时代大众文化消费，主要对信息时代商业动画广告创作与传播对大众文化消费心理、消费趋势和大众审美塑造之间的关系进行一些探讨与思考。

第一节　本书主要的理论解释工具：文化社会学

本书主要的理论分析工具与视角是文化社会学。从社会学的传统视角来看，马克思（Karl Marx）、韦伯（Max Weber）、齐美尔（Georg Simmel）、涂尔干（Émile Durkheim）和德国社会学家 P. 巴尔特（Paul Barth）等人对"文化"问题的研究涉猎广泛，他们的关注点各不相同。如在对生产力与生产关系、经济基础与上层建筑辩证关系的思考中，马克思以"意识形态"的文化反思为出发点，提出了人的异化问题；而德国社会学家保尔·巴尔特将"自然时代的社会学"与"文化时代的社会学"区别开来，并强调了后者的重要性。[①] 20 世纪五六十年代以来，伴随着西方资本主义国家经济、社会诸多领域的动荡与危机，"文化研究"全面兴起，社会学研究也发生了文化的转向。当代文化社会学的兴起，是社会学研究应对西方社会经历的战后复杂社会结构的结果，其学科边界围绕"文化"的基本属性展开，包括消费社会的来临、

---

① 陈文江，王雄刚. "学术软肋"抑或"边缘价值"——文化社会学视域下的本土化之辩 [J]. 探索与争鸣，2020（01）：90-97，159.

新的技术文明时代的到来、全球现代性的发展，形成了文化进化论、传播论、历史特殊论、地理—生态论、结构—功能论、文化相对论、文化心理论等理论，这大大拓展着"文化"研究的视域。对于古典社会学理论无法单独解释消费社会中生活方式新的问题，文化社会学与哲学、人类学、历史学、文化研究、后现代主义研究相交汇，向着文化命题聚合。

综上所述，文化社会学研究具有跨学科的特点，并不断得到发展。文化社会学始终以一种特定的社会学视角关注社会生活的文化层面，包括审美意识在消费生活方式中的发展，日常生活中的文化现象（社会中人的文化经验和需要，解释社会发展中的文化过程和文化价值），以及与后现代社会、消费社会和传媒社会相联系的新的文化现象。"关注艺术、文学，关注更一般意义上的美学生活、文化生活，并且努力超出这些现象本身，从它们在整个社会生活中更宽泛的意义来说明这些现象。"① 这种美学化生活是对文化现代性的重要阐释和启示。

从总体上看，文化社会学的基本研究取向可以归结为三个方面：一是提倡跨学科方法论，提倡突破研究范式的束缚，超越学科界限，开辟全新的学术视野；二是从整体视角出发，不拘泥于个别文化事象，突出对社会事件的意义表达和价值关怀；三是关注大众日常生活，强调边缘文化和亚文化的重要性。信息时代下中国民众的物质生活得到极大提高，民众对精神生活的追求则显得更加迫切，幸而国家在当下对文化事业的重视和引导及时地满足了民众的这一需求。在此大背景下，大众对于文化消费与体验性消费的快速增加是中国社会转型的一个具体实践。这既是一个全球现代性的实践，又是一个基于"本土化"的文化民族

① ［英］布莱恩·特纳. Blackwell 社会理论指南［M］. 李康，译. 上海：上海人民出版社，2003：431.

主义的实践，所以，在信息时代下中国情境的文化消费对大众的影响具有独特的双重过程及丰富的体验，有助于化解由于恐惧西方话语霸权或是体现学术立场而不得不突出强调本土化的尴尬。

本书以动画广告为切入点、文化社会学为理论解释工具研究信息时代大众文化消费，不仅要解释"文化消费"这一概念，而且要关注"文化消费"在现代性发展中所产生的个人文化体验，以及它所引发的生活方式改变的意义。这一观点正是为探索消费文化下的多元化、分散化现状留下了广阔的空间。

第二节　本书关注大众文化消费、信息时代与动画广告之间的关联

研究并非专门研究动画广告的专著，而是将大众文化消费对信息时代背景下动画广告创作的影响作为一种现代现象加以分析，试图从文化现代性和文化消费两个方面探讨大众文化消费对当前动画广告创作的影响，并探讨动画广告如何反过来对大众文化消费心理和大众审美塑造进行正向的引导。信息时代与动画广告的融合，大众文化消费与动画广告的紧密联系，是一种历史的必然趋向。随着中国社会的转型，文化消费和文化现代性之间存在着一种特定的历史关系；而处于信息时代背景下的中国，大众文化消费与动画广告参与文化现代性演变的历史过程亦有着特殊的关联。所以，在此有必要梳理一下这个关系。

一、信息时代与动画广告

任何一种艺术形式的形成，都与当时的社会、科技的发展密切相

关。著名的媒介理论家马歇尔·麦克卢汉（Marshall McLuhan）早在其1964 年出版的《理解媒介》中就指出："媒介即讯息。"正如梁萌在《加班：互联网企业的工作压力机制及变迁》中所指出的那样："以2012 年为分界线，国内的互联网公司已经发生了代际分化。第一代老牌大厂崛起于 PC 时代，包括人们俗称的 BAT——百度、阿里、腾讯；第二代新兴大厂崛起于移动互联网时代，代表是抖音、拼多多、滴滴。从它们开始，互联网公司开始进入'小步快跑'模式，产品在最短时间内上线，抢占市场，再快速迭代。一切的关键都在于速度。"近年来，随着计算机的日益发展和普及，特别是基于 4G 和 5G 通信技术的迅猛发展，使得支持数字技术和网络技术的新媒体也不断发展成熟，并改变了传播环境和社会环境，也使得国内互联网公司出现了更加明显的代际分化情况。这一时期，随着媒体传播形式的变化，社会各界对信息的传播和接收的习惯也在悄然发生变化。其中，最引人注目的一点就是，在当今信息时代，人们的展示媒介已经不再局限于传统的材料，而是借助以计算机为核心的数字技术设备搭建起的创作平台，进行艺术创作，表现和实现其创作灵感，最终完成作品。①

笔者曾参与《动画广告理论与应用研究》的撰写，该书对动画广告的研究现状、概念界定、分类与层次划分、特征与传播形式等方面进行了详尽的梳理。正如前文所述那样，随着商品社会化程度的普遍提高，科技应用的范围逐渐扩大，社会必要劳动时间的大大减少，传统营销的四种手段（广告、促销、大众营销和直销）在人们生活中得到广泛应用，广告宣传作为商品营销中最快捷、最有效的营销手段，成为众多企业或品牌展示其商品定位的重要手段之一。随着媒体技术与平台的

---

① 张晓雯. 信息时代下的数字媒体艺术呈现特色［J］. 文艺评论, 2017（07）: 124-128.

不断发展与扩展，人们对传统真人影像所采用的夸张、虚假的广告表现手法逐渐产生审美疲劳。在此情形下，动画艺术自身所具有的虚拟特性、假定特性的优越性，能够让消费者在幽默风趣的气氛中，间接地接受广告本身所要传达的信息。事实上，运用动画的艺术表现手法在各种媒体上做广告的营销手段由来已久。据有关资料显示，早在 20 世纪 30 年代迪斯尼系列动画形象米老鼠诞生初期，其就曾伴随着福特汽车的广告宣传进入人们的生活。受到当今信息时代背景下大众文化消费的刺激，动画片技术与各种广告媒体相结合，产生了更为丰富、新颖的表现手段，其逐渐发展成为文化产业的支柱。目前，动画片广告在国内外的应用案例不计其数，其中更不乏经典作品。

动画广告作为文化产业的中流砥柱，是信息时代的一种新的信息传播形式，表现出显著的虚拟性、交互性和融合性特征。它以广告的科学传播为主体，以动画艺术的表现形式为补充，决定了动画片在信息时代不同于传统动画片的创作阶段，它是电子艺术、数字媒体艺术与新兴艺术形式不断融合发展的结果。动画和广告两者相辅相成，同盟共生，动画广告必然会在数字经济的浪潮中呈现出更高、更快、更强的发展态势。总而言之，笔者在《动画广告理论与应用研究》的研究基础上，从"文化现代性与文化消费"两个方面探讨信息时代大众文化消费对当前动画广告创作的影响，并探讨动画广告如何反过来积极引导大众文化消费心理和大众审美塑造，这是值得我们潜心研究的新课题。

二、大众文化消费与动画广告的关联

法国社会学家鲍德里亚曾断言："我们处在消费控制着整个生活的境地，消费控制着当代人的全部生活。"改革开放以来，中国快速步入后全球化发展阶段，随着人们收入水平的提高，人们对物质的需求进一步得到满足，广告作为一种与消费密切相关的经济现象，在平衡大众文化消费心理、创造效益方面表现出怎样的交汇呢？这种交汇与文化消费是一种什么关系呢？

中国的消费文化的出现，是和中国近现代商业史联系在一起的。新文化运动可以作为中国现代性第一个历史标示与分界，而中国新的文化消费的现代性是在改革开放之后发展起来的。20世纪80年代改革开放以后，中国重新拥有了与世界接轨的现代文化消费，以文化消费的兴起为代表的新的文化现代性开始出现。改革开放后的40年是中国文化消费和消费时代形成的过程，在此期间，中国"80后成为不折不扣的转型的一代"①。在80后，尤其是90后中，个人个性、价值选择被打上了当代文化消费的烙印。

综上所述，通过对中国当代消费文化的历史社会学简要分析，可以看出：20世纪80年代以后，中国当代消费文化的特征已经发生了微妙的变化。随着改革开放以来经济社会高速发展，文化消费从一种主要与上层阶级、中产阶级相关的商业文化现象，变成一种大众文化消费现象。对于这一现象的出现，广告传播媒介的演进值得我们关注，广告是在工业革命和大众传媒中诞生，必定受到新技术和新媒体发展浪潮的影响，"广告文明的发展分早期符号媒介时代、印刷媒介为主题时代、广播电视媒介时代、新媒介为主题时代"②。在大众文化消费语境下，纵然广告具有文化功能、传播功能和社会功能，但营销功能仍然是广告的基本职能。商业广告作为商品与消费者中间的主要沟通纽带，其都要履

---

① 李春玲. 境遇、态度与社会转型——80后青年的社会学研究［M］. 北京：社会科学文献出版社，2013：前言.

② 袁恩培，陶玉涓. 信息时代广告设计的新维度研究［J］. 包装工程，2017，38（08）：1-5.

行提供产品和品牌信息、提供引发行为的刺激、提供帮助回忆和强化记忆的信息、诱使消费者主动接受商业广告内的信息资讯以达到实现营销的目的。在传播信息的同时，合理利用受众的习惯思维模式，减轻受众的阅读负担，可以更有效、合理地达到传播目的，刺激消费。而在大众文化消费的背景下，尽管大多数广告被认为是在竭力向大众展示有关产品的真实信息，但由于广告的目的是要说服某一类受众群体，因此，它不能以客观和中立的方式提供信息。大众所见过的商品广告，不管是哪一种商品，广告人都在竭力展示它的与众不同；同时，出现在观众视野中的广告，也必须掩盖其受经济制约的形象，并维持一个为大众所喜爱的、服务社会的虚构形象。

鉴于上述特点，动画广告具有一定的优势：第一，动画广告其研究范畴横跨动画与广告两个交叉学科领域，无论是动画艺术的独特魅力还是广告创意的独具匠心都是创造性的实践活动。将广告创意应用于动画广告中可以打破传统媒体的边界束缚，创造出更加独特的新媒体。这些新媒体带给观众的是全新的五感体验，能够诱发观众更加积极、主动地参与到广告中去，以便广告主能够获得更加精准的客户画像；第二，实拍广告通常为了提升产品（品牌）的知名度，会花费高额片酬邀请明星、名人代言，这样的弊端是代言人的可控性太低，产品的宣传方向会受到演员本身形象的束缚。更危险的是，一旦代言人发生任何变故，该代言产品的美誉度也会随之发生急剧变化。在动画中，虚拟的角色都是不存在的，它是结合故事设计出来的，而且可以在剧情的演变下进行改变，虚拟角色完全可以避免真实人物因变故而遭受到口诛笔伐后给品牌形象带来的恶劣影响，它可以延长品牌代言的美好声誉效应。

第三节　本书的研究思路与方法

在大众日常生活消费领域中，衣、食、住、行、用等几乎所有的方面都存在着消费行为，这些具体的消费行为虽形式各不相同，但涉及的内容极其丰富，且又具有一些共同的特征和规律。本著作研究"信息时代大众文化消费与动画广告"的关系，主要是从总体上对信息时代大众文化的消费趋势、消费心理和广告信息的传播特征进行探讨和分析，试图在经济视角下讨论信息时代动画广告发生与形成的社会审美动因，为进一步探讨动画广告如何反过来积极引导大众文化消费心理和大众审美塑造等问题做一些基础性的研究。

一、研究思路

现代广告是商业与艺术的结合体，在很多广告作品中都蕴含着二者的对话。信息时代下，信息传播呈现出多样化的特点。动画广告作为商家数字营销的一种新的手段，亦表现出了强大的生命力，其在信息时代以互联网为载体的大众文化内容生产、传播、消费和再生产中都起着重要作用。

本书拟从"文化现代性与文化消费"两个方面，从文化社会学的角度，在梳理和解析文化产业、媒体传播、网络经济等相关基础理论的前提下，将信息时代下以"互联网为文化内容的生产、推广和消费"给"动画广告创作和传播带来的变革"作为研究核心议题，从信息时代大众文化消费趋势研究入手，讨论在信息时代背景下动画广告发生与形成的社会动因。其中，包括信息时代大众审美趣味与文化消费心理、信息时代新媒体广告信息传播特征及其对动画广告的影响、信息时代基于泛娱乐视角的动画广告交互体验与创意策略、信息时代中美动画广告比较等内容，并在以上研究的基础上，进一步结合笔者近年来的教学实践，探索信息时代背景下动画广告课程的思政建设路径。通过本书的理性分析，笔者期望能从理论、实践与产业现象结合的角度，从"文化现代性与文化消费"两方面探讨信息时代大众文化消费对当前动画广告创作的新影响、新视角、新定位。

二、研究方法

本书将信息时代下以网络为文化内容的生产、推广与消费作为研究的核心话题，把"动画广告的创造与传播"作为研究对象，要求笔者必须结合其涉及的所有学科知识内容对动画广告在网络环境下的创作与传播发展实践进行尽可能系统全面的分析。因此，笔者在本书中主要采用了文献分析法、对比分析法、案例分析法和跨学科研究法这四种研究方法，以期尽可能综合、全面地分析出动画广告在信息时代大众文化消费语境下所呈现出的"新变化"与"新变革"，并且对我国未来动画广告的美学创意如何反过来积极引导大众文化消费心理与大众审美塑造进行延伸思考。

（一）文献分析法

文献分析法是从事科学研究的基本手段。本书是在学界探索与业界实践已有的基础上开展的研究。笔者查阅大量的文献资料以及互联网资源，通过整理和归纳，从"文化现代性与文化消费"两个方面探讨信息时代大众文化消费对当前动画广告创作的新影响、新视角、新定位。综上，本书的研究成果大多是在对学界现有文献资源进行整理、分析的基础上，结合实际得出结果。本书的研究以理论梳理和文献分析为基础，因此，文献分析法是本书最基本的研究方法。

（二）对比分析法

通过事物之间的比较，寻找异同点和相互的联系，便于发现事物的本质，这一方法被称为比较分析法。本书中的对比分析法与文献分析法是两种最重要的研究方法。书中的对比分析主要表现在：将"传统时代背景下（动画）广告对于大众文化生产、推广、消费及传播的相互关系与信息时代背景下互联网环境中的动画广告对于大众文化生产、推广、消费及传播的相互关系"进行对比分析，使后者相对前者的区别、特色明朗化。

（三）案例分析法

主要通过大量的案例挖掘事物存在的规律，寻找事物的特性，从而提出有效的方法。本书通过国内外有关于"信息时代大众文化消费与动画广告的关系研究"的经典理论案例进行深入分析，不断进行论证，从而得出观点。书中涉及的案例主要源自网络，其来源渠道包括但不限于微信公众号、微信小视频、百度、Google 等。

（四）跨学科研究法

"信息时代大众文化消费与动画广告的关系研究"这一研究主题，必然与多学科的学术主张密不可分，笔者不可能局限于单一的学科之中进行独立研究。因此，需要树立跨学科的研究视野与思路，从文化艺术、消费文化、动画学、广告学、传播学、教学方法实践等多学科、多角度展开研究。

第四节 为什么关注"信息时代大众文化消费与 动画广告"问题?

由前文所述,本书从"文化现代性与文化消费"这两个方面探讨信息时代大众文化消费对当前动画广告创作的影响,并探讨动画广告如何反过来积极引导大众文化消费心理和大众审美塑造,有些学者可能会提这样的问题,为什么不突出"后现代性与消费文化"研究,却要关注"消费文化与文化现代性"研究呢? 笔者的考量如下。

一、对于信息时代"泛 90 后"① 人群的研究正日益成为一种性质复杂的跨学科课题

自 20 世纪 90 年代以来,我国的互联网发展迅速,我国迅速进入信息时代,我们也可认为随后出生的人群是伴随着互联网发展而成长的,随着新一代("泛 90 后")群体规模的扩大和消费能力的提高,他们已逐渐成为我国消费市场的主力,对新一代消费市场的影响也在逐步扩大;同时,信息时代的经济和科技水平发展也是巨大的,其有力地刺激了生产力的发展。自 2015 年起,信息时代下的互联网用户已由增量时代发展到了存量时代,"泛 90 后"群体热衷文化消费,促进了各种产业的发展,如"粉丝经济""二次元经济""萌经济"等产业,进而也形成了独特的文化生态,如"腐文化""萌文化""二次元文化"以及"丧文化"等文化生态,"泛 90 后"群体具有生机勃勃、规模庞大、消

---

① 赵向华. 新生代文化消费心理与行为研究 [J]. 商业经济研究,2020 (21):81-84.

费能力强、能够快速接受新鲜事物等特点，不仅在此基础上形成了自己的消费特色，而且也孕育了属于这一群体的文化生态，给企业带来了许多机遇。因此，对其文化消费心理和行为的研究，有助于企业把握方向，抓住机遇，更好地迎合消费者需求和市场趋势。

根据统计可知，在人口规模上，目前我国"泛90后"群体已达4亿人（包括2000—2005年出生的部分消费群体），约占消费群体总人数的17%；然而随着年龄与消费实力的增加，笔者根据赵向华2020年11月发表的《新生代文化消费心理与行为研究》一文乐观估计，预计到2022年，他们将超过消费群体总人数的35%。在信息时代，如此巨大而又充满活力的人群，既是推动我国社会发展的新生代力量，又是我国消费市场的主要力量。前文所指的"泛90后"就是其中的一员，他们大多是高学历、高收入、高信心且精明、爱分享的一代，他们更注重品牌文化内涵、品牌调性和品牌故事，强调其个性和态度，与以往所有年代出生的人有明显的差异，又被称为"新生代人群"。这些伴随着互联网发展而成长起来的人，有些也被冠以"二次元""非主流""宅"等多种标签，但实际上他们身上还有很多积极向上的特点——敢于创新、喜欢独立、勇于承担（例如，在2020年新冠肺炎疫情期间，众多医护人员与志愿者中间不乏有担当的"泛90后"）。在众多令人眼花缭乱的"亚文化"现象背后，反映的是这一群体在信息时代下消费心理偏好和行为较传统社会所发生的新变化。对企业来说，庞大的"泛90后"消费群体有别于70后、80后等不同年代消费群体的消费特点，值得关注。

根据信息时代大众文化消费的分布领域来看，至2018年，新生代（"泛90后"）群体中约有2.5亿人具有主动文化消费能力（例如，与以往其他年代的消费者相比，"泛 90 后"在内容付费上的接受度更高，以"付费阅读""付费视频"类最为突出），并且每年大约有 1400 万的人口数量逐渐增加。也就是说，未来 10 年，我国这一消费市场人口规模将达到 3.2 亿~4 亿人，他们将成为信息时代文化消费当之无愧的主力军。目前，新生代（"泛 90 后"）文化消费市场呈现出明显的高消费能力、高规模和高文化诉求的"三高"特征。因此，学术界对"信息时代'泛 90 后'群体在众多学科范式下所表现出来的诸多新变化"进行了广泛而深入的研究，对本书有着很大的启迪，如郭晓冉发表于新疆社会科学 2020 年第 4 期的《文化消费主义对美好精神生活的危害与应对》、赵向华发表于商业经济研究 2020 年第 21 期的《新生代文化消费心理与行为研究》、吴帆发表于人民论坛 2020 年第 32 期的《单身经济：一种新型消费文化的崛起》、张凤莲发表于东岳论丛 2020 年第 11 期的《消费文化治理及其多维路径探析》、方媛发表于南京艺术学院学报（美术与设计）2020 年第 5 期的《再娱乐——后疫情时期的大众文化消费趋势及对策研究》、徐望发表于民族艺术研究 2020 年第 5 期的《文化消费的大众美育与社会文化资本积累功能》、范蕊发表于当代传播 2018 年第 1 期的《信息时代大众文化消费心理与营销传播策略》等文章，扈海鹏的《消费文化：文化现代性与消费主义》、王涛等人的《动画广告理论与应用研究》、萧冰的《公益广告的设计与视觉传播力》、许敏玉的《商业视阈中广告审美判读》、张正学等人的《影视广告案例解析》等著作。由以上所罗列论文与著作，我们可知，对于文化消费与广告领域的研究已涉及文化学、传播学、社会学、管理学、广告学等学科，研究成果较为丰富，甚为可喜的是有学者已开展了"动画广告"的专门性研究，为本书透过信息时代大背景探讨"大众文化消费与动画广告的关系"做出了宝贵的学术贡献。

因此，基于以上论述，笔者认为，以动画学为学术切入点，透过信息时代的大背景来探讨"大众文化消费与广告的关系"，对于更好地理解以新生代（"泛 90 后"）为代表的大众文化消费所呈现的新变化，具有一定的学术和现实意义。

二、适应中国现代化进程中社会学研究的文化转向与文化建设的重要性

20 世纪后半期，伴随着西方资本主义国家经济、社会诸多领域的变化，社会学呈现出"总体性的危机"，而"其根源在于社会学理论无法应对后现代和全球化所带来的社会现实的根本变化"①，致使学科的合法性受到挑战。为了重塑"显学"地位，当代社会学在 20 世纪 80 年代后转向有着鲜明特色的"文化"取向，这个文化转向源自欧美发达国家进入消费社会、后工业社会后引发的新的后现代文化现实，如新技术带来新的文明、消费时代的生活政治，媒体社会呈现的文化碎片化等；同时，由于时空的流转，非西方国家的文化民族主义兴起，也因为"现代性的全球化"的发生，当前的文化社会学"已不再是关于不同文化形式或文化现象的单一研究，如对大众文化、艺术、宗教等的专题研究，而是关于整体社会生活、社会现象的研究"。值得注意的是，非西方国家"文化民族主义"的兴起是宽泛的指向，它包含在自身现代化发展的追求中对欧美现代生活方式的诸多认同，表现出对现代生活方式新的热情和新的接纳，即从"文化事项的社会学（Sociology of Culture）"研究转向"文化社会学（Cultural Sociology）"研究。换言

---

① 文军. 西方社会学理论：当代转向［M］. 北京：北京大学出版社，2017：83.

之，"文化社会学是透过特定文化事象来理解文化主体及其行动与意义"①。对这些民族来说，这是新的文化现代性。

我国目前正处于社会转型与经济发展的关键时期，东西方文化得到了进一步交融，我国越来越多的年轻人受到西方发达国家"自由和独立"思想的影响，他们的婚恋观和婚恋行为较传统社会不同产生了较大变化，许多年轻人不再遵循"男大当婚、女大当嫁"的传统，而是选择做"单身族"，青年单身现象越来越突出。② 单身的盛行反映出我国现代化进程中家庭的结构性变化，并对社会经济发展产生了深远的影响。一方面，规模庞大的单身群体具有独特的消费方式、消费行为和消费偏好，对市场的影响日益增长，促发了充满生命力的单身经济；另一方面，作为一种新型的消费形式，单身经济是拉动需求、刺激经济增长、推动产业结构升级、促进就业与创业的重要力量。③ 综上所述，鉴于单身经济作为我国当前的社会现象，它的重要性不言而喻，我们对当前社会现象的分析应该尽可能与具体的社会事件（或场合）密切联系，并与日常生活中的大众联系起来。这不仅仅是对日常生活文化、美学化的回应，更是对消费生活方式多元化的本质和全球化、信息化的文化现象的思考。

三、动画广告参与营销宣传的优势

动画广告虽然不是现在兴起的，但是这几年来一直被各大广告主忽

---

① 孙秋云，周浪. 文化社会学的内涵、发展与研究再审视 [J]. 中南民族大学学报（人文社会科学版），2016，36（04）：94-100.
② 宋月萍. 单身族群带来的文化空间与发展向度 [J]. 人民论坛，2020（34）：104-106.
③ 吴帆. 单身经济：一种新型消费文化的崛起 [J]. 人民论坛，2020（32）：94-97.

视，但受到影视制作技术、动画专业人才、制作资金、外部环境（如2020年新冠肺炎疫情）等软硬件条件与客观因素的影响，广告主看到了动画广告的优势，助推了动画广告的兴起。同时，动画广告相对此前传统的真人广告来说，有太多无法比拟的优势。

其一，相比真人实拍类广告来说，动画广告延长了广告的声誉效应。与真人实拍广告相比，动画的虚拟性为广告打造了一个虚拟的世界。因此，动画广告中的信息都具有一定的虚拟性特征。动画广告因为其大多直接源自商业宣传，动画的形式本身就有一定的艺术加工性在里面，动画在对现实产品进行宣传时不可避免地会对产品进行的放大和美化，动画属性保证了动画广告价值的可控性，具体表现为动画形象的虚拟性。

优秀的动画角色设计是动画广告的关键，动画角色的设计多是消费者所喜闻乐见的形象。同时，在角色设计中，围绕产品品牌定制个性化的广告形象，既用造型打动人心让消费者记忆深刻，提高了产品的宣传效能，还可以使产品品牌故事内容更加完整，这是对产品、品牌形象的一种升华。通常实拍广告为了提升产品（品牌）的知名度，会花费高额片酬邀请明星、名人代言，存在产品的宣传方向会受到演员本身形象束缚的缺点。更重要的是，一旦品牌代言人发生任何变故，该品牌代言人所代言产品的美誉度也会随之急剧下降。在动画中，虚拟的角色在现实生活中都是不存在的，它是结合剧情设计出来的，而且可以在剧情的演变下进行相应的改变，这些虚拟角色完全可以避免真实人物因为变故而遭受口诛笔伐后对品牌形象产生的不良影响，能够延长品牌代言的良好声誉效应。

其二，动画打破了广告的时空维度。实拍广告需要消费者产生极大的带入感，这就需要保证内容的合理性；在涉及具体的时间、事件、形态等的影像呈现时，需要利用复杂的制作手段交代时空背景，以此为受众带来"真实"的感受；然而，现实是，受众很难在广告的有限时间内被及时引入特定时空的情境中。反观动画广告，动画的虚拟特性允许它的内容是跨越语言、跨越意识形态、跨越种族、跨越国界、跨越时空的，也就是说，动画在时空维度上被允许是无序的，在内容的呈现上无须修饰或铺垫，元素、情节可以任意地出入和穿插，有很大的灵活性和自由度；另外，在动画广告中，情绪和生命可赋予在任何大众能想到的东西上，无论是花草、器物，还是桌椅板凳等，都可以充分实现动画中拟人化的虚拟角色设定，赋予其人类的性格与感情，以便增强感染力，更有利于广告的诉求。例如，英国交通运输部和创意公司 VMLY&R 伦敦合作，在 2020 年 2 月推出的一项名为《这是每个人的旅途》（*It's Everyone's Journey*）的公益动画广告视频中，广告里面的主角就是两只人形动物，诚然，现如今的技术可以使得真人完成这种表演，但是如果是真人的出演，则会让一个本令人感动的公益动画广告视频变调为人兽形象交错的恐怖片。

其三，就商业动画广告而言，其可以让消费者更直接了解产品特性。动画广告具有强烈的节奏感，又具有趣味性和可读性等特点，能够在短时间内迅速吸引观众的眼球。同时，动画广告不仅能把广告中的情节与品牌文化结合起来，还能把产品的功能与特点融入广告中，让消费者更直接地了解产品的特点，做到增加趣味性的同时减少消费者对广告的反感，有助提高消费者对品牌的关注。

如今，消费者对于真人广告的传统代言形式已经产生了审美疲劳，而"千变万化"的动画广告的兴起，给消费者带来了全新的感官体验，不得不说，动画广告的优势很大。

四、依托课题探索"艺+科"融合背景下的"动画艺术"与"科普教育"协同发展新模式

著作《信息时代大众文化消费与动画广告的关系研究研究》以2021年度天津市教育科学规划青年一般课题（课题编号：EIE210305）为依托，并开展相关研究工作，自课题立项以来，课题组的五位老师在"艺+科"融合背景下针对课题所涉及的两大领域（"动画艺术"与"科普教育"）进行了大量的资料查询、调研与多次研讨工作，主要观点如下：

其一，在"艺+科"融合背景下，动画艺术作为社会大众最喜闻乐见的一种艺术形式之一，受到了社会大众的广泛喜爱，课题组五位老师针对这一现象进行了深入的研究及研讨，认为动画艺术在当前时代背景下所表现出的蓬勃发展之势，不仅与大众文化、消费文化、大众审美趣味与文化消费心理等社会背景紧密相关，而且信息时代背景下新兴传播技术的快速发展对动画艺术更快、更广泛的走入大众的生活起到了决定性作用。

其二，2021年6月，国务院在印发关于《全民科学素质行动规划纲要（2021—2035年）》的通知中指出："'十四五时期'实施全媒体科学传播能力提升计划，推进图书、报刊、音像、电视、广播等传统媒体与新媒体深度融合，鼓励公益广告增加科学传播内容，实现科普内容多渠道全媒体传播。"针对"公益广告"这一新型科普形式，课题组五位老师结合自身动画专业背景设置了若干创作实践类的衍生课题，衍生课题方向分别涉及城市环保、垃圾分类、丝绸之路、冬奥会、非物质文

化遗产、传统文化、精准扶贫、汉字艺术等，并基于以上衍生课题方向分别指导学生创作具有科普性质的公益动画广告短片，部分创作实践成果展示见本著作第八章与第九章的内容。

　　综合以上两点，本课题组经过深入研讨，拟在信息时代背景下将"大众文化、消费文化、动画广告、信息传播、大众审美趣味与文化消费心理"等内容引入本课题的研究，并在此基础上从"信息时代新媒体广告传播对动画广告的影响、动画广告的视觉语言表现、基于泛娱乐视角的动画广告交互体验与创意策略、中美动画广告比较、我国动画广告创意的延伸思考、基于社会热点实践的动画广告课程思政探索、动画广告课程思政教学成果展示"等层面开展研究工作，探索"艺+科"融合背景下的"动画艺术"与"科普教育"协同发展新模式。

第二章

信息时代大众文化消费趋势

近10年来，国家及相关部委就扩大"文化消费"出台了一系列政策措施，扩大"文化消费"成为国家政策关注的重点，"文化消费"也被作为关键词频频出现在相关媒体的报道中，由此可见，"文化消费"已被作为培育新经济增长点的动力之一。[①] 2022年7月，笔者分别在中国政府网（http：//www. gov. cn/）、中华人民共和国财政部（http：//www. mof. gov. cn/index. htm）、中华人民共和国文化和旅游部（ht-tps：//www. mct. gov. cn/）的官方网站上以"文化消费"为关键词进行搜索，分别搜索到了77条、30条、2917条结果，另外，笔者还在中国知网（https：//www. cnki. net/）以"文化消费"为关键词进行搜索，显示共搜索到了15120条结果，就上述网络调研结果而言，国家对于"文化消费"的战略布局以及推动"文化消费"的决心，也激发了学界对于"文化消费"研究的不断关注。

在国内外相关研究的基础上，学者们借鉴的国际经验往往来自西方发达国家，通常将各种社会经济统计指标作为参考依据进行相关分析，

---

① 国务院. 国务院关于积极发挥新消费引领作用加快培育形成新供给新动力的指导意见 [EB/OL]. 中华人民共和国中央人民政府网，2015-11-19.

国内学界普遍认为我国目前文化消费绝对水平偏低。许多学者在讨论文化消费对文化产业结构的影响时，都认为在新常态下激发文化消费需求有利于我国文化产业供给侧结构性改革，如《中国居民文化消费：地区差距、结构性差异及其改进》（李蕊，2013 年）、《中国城镇居民文化消费：现状、趋势与政策建议》（李蕊，2014 年）、《城市文化消费比较研究》（李惠芬、付启元，2013 年）、《文化消费的影响因素研究——以长三角地区为例》（姜宁、赵邦茗，2015 年）、《文化消费增长的国际经验及中国的政策取向》（毛中根、杨丽姣，2017 年）、《新常态下我国文化产业供给侧结构性改革的思考》（焦斌龙，2017 年）；随着相关研究的深入，近年来，国内文化产业领域的知名学者，如齐勇锋、金元浦、范玉刚、李向民、陈少峰、贾旭东、李凤亮、范周、陈波等以及青年学者张凤华、曹余阳、徐望等，不再将研究着眼于文化产业的单一范畴，而是开始结合文化事业（公共文化服务）、教育行业、旅游行业的现状，讨论"大众文化消费领域"的供给侧改革相关问题；亦有部分学者以应用经济学的研究方法取得了丰硕的研究成果，如顾江自 2014 年到 2018 年的一系列文章，如《能力、习惯与城镇居民文化消费支出》（2014 年）、《居民教育支出对文化消费溢出效应研究——基于全国面板数据的门限回归》（2015 年）、《文化消费的社会网络效应——基于全国 31 个省市区面板数据的实证分析》（2016 年）、《收入和城市化对城镇居民文化消费的影响——来自首批 26 个国家文化消费试点城市的证据》（2018 年），这一系列文章从"文化消费"的需求出发，探讨居民文化消费与教育支出、居民收入、消费习惯和消费能力等影响因素之间的相互关系，在学界也比较具有代表性。总的来说，国内关于"文化消费"的研究大多侧重实证研究，较少有学者结合中国国情就"中国文化消费"理论的来龙去脉进行梳理，不得不说这是个遗憾。

在信息时代，中国文化产业发展呈现如火如荼之势，就生产力的发展与变革而言，互联网进入人类历史不过几十年，但这短短几十年给人类社会带来的变化，无论是从广度还是深度上，都是颠覆性的，其作为继电力取代蒸汽之后又一支撑社会发展最基础性的生产力，已经超越了媒介、工具或载体的范畴，逐渐成为引领社会变革的重要动力。随着互联网的普及，"互联网与人"的关系得到进一步的融合，在此推动下，社会消费正在经历着结构与形式的重大变革。本书将研究重点聚焦大众文化消费（其对象是文化产品），其在信息时代呈现出了诸多新的特征与趋势，具有鲜活的青春因子和广阔的发展前景，在与（动画）广告这一商业营销手段的联姻过程中，其潜移默化地影响和改变着人们的文化消费行为。因此，把握信息时代大众文化消费的变化趋势及未来发展，具有重要的现实意义。

第一节　基于休闲娱乐的多元化互联网文化消费趋势

"休闲娱乐"一词包含了"精神状态""生存状态""活动"和"时间"等多个维度，真正的价值在于享受、创造和发展，是人们对自由时间的合理利用，对社会进步和人的自由全面发展具有重要的意义。以历史的维度来看，自人类诞生以来，休闲娱乐活动一直伴随着人的生存和发展，只是随着人类生活水平的提高，过程逐渐"从隐到显"，包括"从人的本能到人的主观追求、从不自觉到自觉、从在人的生活中所占地位很低到成为人们生活方式的重要组成部分"①，直至"成为国家的一种重要文化产业以及衡量人们生活幸福程度的重要指标"②，这一"从隐到显"的过程所含内容全面且彻底。在这个"从隐到显"的过程中，随着"互联网与人"的关系的进一步融洽，社会消费正在经历着结构与形式的重大变革，文化消费始终伴随着休闲娱乐活动而存在，并且随着人们的生活水平以及科技发展水平的提高，文化消费与休闲娱乐活动则呈现出正相关的递增关系，即"随着人们生活水平的提高和科技的发展，人们对休闲娱乐活动的需求越来越大，对休闲娱乐活动的消费投入也相应越来越多"③。

一、基于休闲娱乐的互联网文化消费正成为人们的日常生活方式

在前互联网时代，由于受到客观因素的限制（如生产力水平的限制、信息传播的短板、政策制约等客观因素），人们把消费的对象局限在有形的货品之上，随着互联网在社会中的普及和用户数量的日益增加，互联网作为社会生活的一个重要组成部分，逐渐被应用于社会生活的各个领域，甚至影响到整个社会有机体。"互联网在日常生活中的应用是给定的社会关系中网络社会的传播、形式和文化特征的理想指示器。以互联网为媒介的社会结构、社会行为和意义建构的相互影响，体

---

① 李建秋，孙佳琪. 休闲文化传播的逻辑起点与研究视阈 ［J］. 河北大学学报（哲学社会科学版），2016（01）：105-110.

② 李建秋，孙佳琪. 休闲文化传播的逻辑起点与研究视阈 ［J］. 河北大学学报（哲学社会科学版），2016（01）：105-110.

③ 林峰. 新时代我国文化消费的变化趋势及未来发展 ［J］. 新经济，2020（10）：57-59.

现了社会变革的过程，这种变革是技术、文化和社会相互作用的结果。"① 这也就意味着，互联网的出现不仅颠覆了人们传统的行为模式，更重要的是，它重构了信息时代下人们思维与文化生活方式的转变。因此，在这种趋势下，基于互联网的文化消费就会成了人们的必需品。

根据中国互联网信息中心（CNNIC）第 42 次《中国互联网络发展状况统计报告》中的数据显示，自 1969 年美国的阿帕网（Advanced Research Projects Agency Network，ARPANET）第一期工程投入使用，至今互联网媒介已经走过了半个世纪。据人民邮电报 2022 年 2 月 28 日报道：截至 2021 年 12 月，我国互联网普及率达 73%，网民总规模达 10.32 亿，比 2020 年同期增长 4296 万，另据魏瑞锋在 2022 年 5 月发表的《基于居民网络消费结构变化的营销模式创新探讨》一文中指出：我国 19~40 岁的网购用户占比 70.5%，笔者由以上数据推断，从年龄分布来看，现阶段我国网购用户以青壮年人群为主。伴随着互联网的不断发展和完善，信息时代下互联网消费的触角已延伸至各行各业，逐渐成为信息时代社会大众的一种日常生活方式。

当互联网消费逐渐介入信息时代背景下的社会大众生活中，并渗透到社会大众日常生活的方方面面，它就不同于传统社会情境下基于特定时空领域内的特定活动，而是在整个社会形成一种新的文化景观。为了适应这种新的文化景观，社会现有的物流、消费、生产、支付、结算体系等都将会发生与之相应的变化，以上体系的变化对于进一步推动"基于休闲娱乐的互联网消费文化在整个社会的普及"具有积极的作

---

① ［美］曼纽尔·卡斯特. 网络社会：跨文化的视角 ［M］. 周凯，译. 北京：社会科学文献出版社，2009：256.

用。特别需要指出的是，这种基于信息时代新的互联网消费方式，不仅体现为消费模式的升级，而且伴随着信息时代新消费文化的变化，消费产品也将在内容和形式上做出相应的调整，以适应新的时代发展的要求。

二、基于休闲娱乐的互联网文化消费跨界融合的趋势日益明显

为进一步通过消费刺激生产，提升民众对于互联网消费的品质及体验，国务院先后于2015年和2018年发布相关文件，分别为《关于积极发挥新消费引领作用加快培育形成新供给新动力的指导意见》（2015年发布）与《完善促进消费体制机制实施方案（2018—2020年）》（2018年9月发布），两份文件均揭出要在文化领域推动"互联网+电影"业务创新，重点扶持动漫、游戏、数字影音、网络文学等数字文化内容的生产，进一步扩大和升级信息消费，达到促进消费层面的"文化+科技"相融合的目的。在此背景下需要特别关注的是，北京市、上海市等国内一线城市在刺激文化消费的政策层面也采取了相关措施，在这一系列的措施中，均表现出了较为明显的科技导向，尤其以北京市和上海市出台的相关措施力度较大，北京市出台《提升生活性服务业品质促进消费增长措施》（2016），上海市出台《促进新消费发展发挥新消费引领作用行动计划》（2016），国内两大一线城市均出台相应政策鼓励创新模式消费，支持"互联网+生活性服务业"新模式，通过新兴消费加快推进移动互联网、物联网、云计算等与生活性服务业跨界融合，以示范引领释放新需求、创造新供给，拓展丰富消费内涵，促进消费的提质增效。可以说，随着国家与地方一系列政策措施的落地实施，文化与科技进一步得到了融合，已经成为信息时代下互联网文化产业的重要支撑，这也就意味着，互联网文化消费不仅仅在消费的内容上注重科技导向，同时还依托强大的消费支付系统与金融密切结合，进一步推动了"文化+科技"相融合的发展。

在国家与地方一系列政策的推动和民众相关消费的实践中，近年来，"文化+科技"的融合进程不断加快，具体体现在文化产品的科技化水平和科技产品的文化内涵不断提升，可以说，我国文化消费跨界融合的趋势得到了进一步的彰显。尤其是随着线上与线下融合服务和面向文化娱乐的数字创意内容产品的不断丰富，"在融合创新发展模式中，文化科技融合、文化与相关产业的融合更加关注内生增长动力，即通过融合创新带来生产率的提高、新的文化价值的增值"①。原先占据文化产业重要位置的传统产业形式，如演出、旅游、出版业等被跨界发展的创意产业、创意经济所取代，由此进一步推动了文化消费的跨界融合趋势。

例如，在信息时代互联网文化的基础上，伴随着新一代文化消费产品的出现，大众对基于现代科技发展（如可穿戴设备、手游、二次元、移动短视频等）的消费表现出相当高的热情。就"二次元"来讲，根据相关统计信息显示，当前我国的二次元用户的规模较大，达到了 2.7 亿，这些二次元用户以 AcFun 站（A 站）、Bilibili（B 站）、原力动画等为平台，开展关于二次元内容的社交。另外，以科技为支撑的文化消费必将会得到更多的发展和普及，大众的消费品质与消费体验也将得到进一步的提升，以可穿戴设备以及相关 VR/AR 产品为主要代表的当下最先进的文化科技产品，也随即进入了该内容社交空间的寻路阶段。

---

① 魏鹏举，孔少华. 内生增长视野下的文化产业创新发展思路分析［J］. 同济大学学报（社会科学版），2016，27（03）：27-34.

三、基于休闲娱乐的互联网文化消费拓展了文化消费的新空间

作为特定生产力和生产关系的一种表现形式，消费空间的产生须遵循以下逻辑，第一是产生消费关系，第二是在产生消费关系的基础上，进一步推动消费关系的实现。基于我们在现实生活中取得的经验，在前互联网时代，传统的文化消费空间大都因其本身特有的属性而被固定在某些特定场所中，极易受到时间与空间的限制，具有天然的"物理性"地域属性。但是，随着信息时代互联网技术的发展，互联网文化消费的出现及其对大众消费手段与技术的升级，进一步创造了文化消费的新空间和新场所。这种新空间和新场所是网络虚拟空间与线下现实空间的融合，在此基础上，一系列基于"网络"的新型虚拟活动应运而生。如以"Z世代"为主流消费人群的在线新文旅消费空间，无论是从消费形式上看，还是从消费内容上看，其主要消费特征都与传统的文旅消费空间有很大的不同。从消费内容上看，一方面，新消费群体更容易接受基于数字支撑、交互手段等新兴技术而形成的消费形式和内容，如虚拟现实（VR）技术、增强现实（AR）技术、混合现实（MR）技术、裸眼3D技术等，其具有更为积极主动的在线文娱消费倾向；另一方面，新消费群体总体更加注重通过情感消费和文化体验获取精神共鸣和消费者自身的价值，具体来看，新消费群体对具有符号性、特色化、创意化特征的文旅在线产品表现出更大的兴趣。从消费形式上看，在面对新兴技术（如虚拟现实技术、增强现实技术、混合现实技术、裸眼3D技术等）形态时，新消费人群与内容/社交生态紧密结合，且基于当前短视频、直播、即时支付等数字化基建的普及，直接表现出对淘宝、抖音、Bilibili（B站）、微博、快手、小红书等短视频、直播软件或平台的较

强依赖。由此可以认为，与前互联网时代的"物理性"消费空间相比，互联网时代的网络空间为大众的消费体验营造了另一种图景，具体表现在：生产与消费的距离进一步缩小，同时又增强了网络消费的互动性、便捷性和直接性，这是对前互联网时代消费形式的转型升级。

但是，必须指出的是，在信息时代，以"网络"为基础的私人个性化定制消费形式的出现，不仅促使消费空间进一步向私人化和私密化领域扩展，而且在提升消费空间的场景化、数字化和内容化等方面进一步营造出全新的消费体验。这种消费体验使得"互联网的空间里拥有'一个有意义的社交互动'，而不是'进入一家商场，像僵尸一样四处游荡'"①。因此，新兴的互联网文化消费模式在现实的社会空间之外重新构建了一个全新的社会空间，它大大拓展了社会大众的文化消费空间。这一空间具有互动性强、实时性强、趣味性强、参与性强等特点，能满足信息时代大众多层次的文化消费需求。

据宋瑞在 2014 年 12 月《我国国民休闲态度实证研究》一文中指出，尽管人们在认知层面普遍认可休闲的重要性，但在行动层面，则往往更倾向于将挣钱、事业发展等生存所需问题置于休闲之上。② 显而易见的是，这一"新型的社会空间"在 2020 年新冠肺炎疫情发生期间得以进一步融入人们的日常生活之中。疫情期间，由于受到一系列防疫措施的影响，一方面是普通民众的活动空间和范围陡然缩小，另一方面受到停工、停学的影响，普通民众陡然间又增加了大量的空闲时间，在这

---

① ［美］杰夫·贾维斯. 分享经济时代：新经济形态，分享什么，如何分享［M］. 南溪，译. 北京：中华工商联合出版社，2016：205.

② 宋瑞. 我国国民休闲态度实证研究［J］. 杭州师范大学学报（社会科学版），2014，36（06）：84-92.

种特殊的情况之下，人们对于娱乐活动和精神生活的需求量也随之激增，休闲娱乐活动也因此得以逐渐走进我国普通民众的生活，被我国普通民众接受成为日常生活中的重要组成部分，并在有限的时空条件下成为人们实现社会交往互动的重要途径。

其中，以抖音、快手、Bilibili（B 站）为代表的互动视频平台为疫情期间足不出户的人们提供了参与娱乐、自由表达的渠道。如前文所述，"随着互联网文化消费的出现……产生了一系列基于'网络'的新型虚拟活动"。以抖音为例，在 2016 年，它凭借 15 秒短视频受到大众的欢迎，到 2019 年，其又对所有普通用户开放 1 分钟视频权限，之后调整最长为 15 分钟的视频权限。抖音做出一系列对于视频权限调整的措施，正是为了满足信息时代大众对于内容表达的需求。根据相关数据显示，2019 年春节假期期间，抖音日活跃用户数量最高达到 3.11 亿，预计 2020 年用户规模将达到 7.22 亿。短视频行业市场规模将超过 380 亿元，呈现出一种从"消费互联网"到"生产互联网"的发展趋势。可以说，信息时代，短视频平台的流量价值是基础，促进用户表达、引发用户互动是实现内容裂变的核心手段。

此外，随着娱乐内容生产的自主化、个体化趋势不断加强，基于网红经济目标群体精准触达、社交互动性强、转化率高等特点，网红经济逐渐成为国内新经济模式的重要代表，目前也正逐渐成为各个行业文化生产主体不断探索的领域，其中，"网红+直播+电商"的创新模式大幅度提高了流量的变现能力。以近期爆火的"东方甄选"为例，其粉丝从 0 到 100 万用了 6 个月时间，而从 100 万到 300 万只用了 3 天，而后又用了 3 天的时间粉丝数直接突破 1000 万，东方甄选的成功出圈，使广大普通的网民看到了直播带货的另一种新图景，在东方甄选的直播间中，往日嘶吼、搞怪、夸张的带货行为不见了，而是以娓娓道来的双语带货形式，把讲课融入带货中，受到大众的广泛欢迎。东方甄选的爆火与其说是当下网红经济的偶然现象，不如说是东方甄选在直播届探索知识变现的另外一种新的尝试，更是这个社会对沉静厚重的追求及对知识的尊重，目前来看，这种尝试是非常成功的。

四、基于休闲娱乐的互联网文化消费消弭了小众与主流的界限

就其效果而言，以私人定制为基础的互联网文化消费品，突破了小众文化与大众主流文化之间的界限，使"越小众、越主流"在信息时代成为一种可能。这不禁使人疑惑，为什么在信息时代，小众文化得到了社会大众前所未有的关注？而在信息时代到来之前，社会大众对小众文化没有足够的重视？

随着信息时代的到来，小众文化经历了由"潜在"到"可见"，又由"可见"到"显性"的显性化过程。第一，在"潜在"到"可见"这一过程中，传统产业发展模式受到以市场经济为表征的时空压缩的影响，其"追求工业化的大规模的生产和批量销售"的模式在信息时代逐渐失去商业价值。而与此同时，大众对于个性化的需求与分散的海量创意得以充分释放，最终实现了二者的无缝衔接；第二，在"可见"到"显性"这一过程中，一方面，随着全球商品供应链进入网络时代，以"以销定产"和"以消定产"为核心的生产消费模式更注重产品本身的创意；另一方面，有赖于互联网的时空连接作用，大众在互联网中进行实时或多人互动的方式，使其能够相对容易地发生联系、交换思想，消弭了互联网普及以前大众囿于时空条件的限制，从而推动了小众文化的发展，使小众文化得到广泛关注、数量骤增。小众文化便在互联

网时代最终从"可见"走向了"显见"。

从整体来说，信息时代迅速打破了小众与大众的界限，互联网与大众文化消费的关系正变得高度密切，可以说，其已完全融入大众的日常生活中，是新形势下市场，乃至整个社会文化发展的必然性结果，是时代潮流的选择，尤其是随着 90 后、00 后逐步走向社会，他们以其"注重消费过程中收获的快乐，强调自身感知和体验"① 的消费观，与以往的消费群体相比，具有很大的差异。在"人们对互联网文化消费的需求与认同程度不断提高、互联网技术的快速更迭与互联网消费群体规模的日益扩大"的大背景下，我们应当认识到，随着消费空间与"文化+科技"跨界的深入融合推进，信息时代基于互联网文化的消费结构将会变得更加多元和优化，消费升级的趋势会在互联网文化消费领域进一步得到体现。

第二节　"宅经济"带动信息时代数字内容消费

"宅经济"一词作为舶来品，最初源自日本，是一种以在线娱乐、电子商务、网络游戏为代表的新兴商业模式，是在现代物流和互联网发展的基础上发展起来的一种新型经济模式。实质上，广义上的"宅经济"主要包括在家消费和在家办公，是基于信息时代发达的互联网与物流推动下的一种远程服务模式。在信息技术发展、"宅文化"渗透和规模经济式微的推动下得以快速发展，目前作为助推新经济增长的重要

---

① 曹仕涛，刘庆帅."95 后"消费观透视［J］.青年发展论坛，2018，28（01）：20-25.

力量，已经成为经济高质量发展的新支撑、原动力。

2020 年 2 月，首次在我国的官方文件中出现"宅经济"一词，即中共山东省委、省政府印发的《关于贯彻落实习近平总书记重要讲话精神 统筹推进新冠肺炎疫情防控和经济社会发展工作的若干意见》中第 35 条明确提出要"研究制定促进'宅经济'发展的政策措施，集中培育一批在线教育、线上零售、虚拟会务、网络培训、居家办公等功能性服务平台企业，建立企业培育库，将符合条件的入库企业纳入创新券扶持范围，依法依规给予创业担保贷款、税费减免等政策扶持，引领线上下单+无接触配送、云办公、云课堂、共享员工等新业态、新模式加速发展，激活居民线上消费潜力"，此文件为国内首个省份明确提出要发展"宅经济"的文件。

笔者认为，基于信息时代背景下的"宅经济"发轫于最初的淘宝网购模式，经过近 20 年的发展，当前"宅经济"的发展模式已渗透到大众生活消费领域的方方面面，并普遍被人们熟知与接受。2020 年春节，受到客观因素的影响，人们正常的工作与生活节奏被暂停，在这种情形下，人们的工作与生活也随即进入了"宅"时期。在此情形下，"宅经济"这个词汇再次回归人们的视野中，成为大家热议的一个话题。据百度数据显示，自 2020 年 1 月 18 日以来，在线教育、在线医疗、在线娱乐与生鲜电商四大行业整体热度环比增长超 100%，近 30 天远程办公需求环比上涨 663%。面对巨大的需求量，在春节期间，多家网游以及手游平台甚至出现了系统瘫痪的情况。我们从百度的数据中不难发现，在疫情影响下，"宅经济"作为一匹黑马创造了一片新的经济蓝海，不仅满足了疫情期间人们宅在家的生活需求，而且催生出了"宅教育""宅饮食""宅工作""宅医疗""宅娱乐""宅面试"等新

33

的工作、消费方式，弥补了当下我国市场经济发展的不足。本节将围绕什么是"宅经济"、信息时代为什么会出现"宅经济"、"宅经济"快速发展对于重塑大众文化消费行为的积极作用等进行梳理和研究，总结信息时代"宅经济"视野下大众文化消费发展的新趋势与新特征。

一、"宅经济"的由来及其演化

由前文所述，"宅经济"这一词汇最早来源于网络，并在日本兴起，它对应的英文词汇是"Otaku Economy"，主要指以在线娱乐、电子商务、网络游戏为代表的网上经济以及产业链上的关联行业。① "宅经济"作为 20 世纪 80 年代日本"宅文化"发展的衍生物，主要指与"电子商务""在线娱乐""在线游戏"等产业链密切关联的相关行业，是基于互联网的现代信息技术快速发展背景下兴起的一种新型商业模式，在这种新型商业模式下，"宅经济"的概念和范畴得以延伸和拓宽。可以说，"宅经济"的兴起与发展离不开先进的网络科技与居民强大的消费能力的支持。

经济作为一种基于稀缺资源的配置机制与形式，是人们为了满足物质、文化和生活需要而创造、转化和实现的有目的的活动。有分析认为，国民经济行为在信息时代经历了从线下到线上的发展，已经开始从户外向室内转型。这得益于互联网在现实生活中的大规模应用，它给人类的社会生活带来极大的便利。由前所述，基于信息时代背景下的"宅经济"发轫于最初的淘宝网购模式，经过近 20 年的发展，时至今日"宅经济"的发展模式已全面渗透到大众生活与消费领域的方方面

---

① 李磊. 逆势上扬的"宅经济"［J］. 上海经济，2009（11）：62-63.

面，并普遍被人们熟知与接受，当前"宅经济"的发展模式作为新的消费增长点，其自身具有巨大的市场份额、潜在的商业价值和庞大的消费群体。因此，笔者从经济要素的角度来理解"宅经济"，认为"宅经济"作为从市场交易场所的市场细分，将其概念界定为人们通过个体生活空间实现价值创造、转化与实现的过程。

从这一定义出发，我们可分别从两个角度来分别审视信息时代下的"宅经济"，其一，从生产者的角度来看，信息时代下的"宅经济"显然包含了网上办公、众包等新兴工作场景和应用；其二，从消费者角度出发，信息时代下的"宅经济"也包含了网络购物、在线游戏、在线娱乐，另外还包括资金方的电子支付、网络投资等新金融中介服务。我们在此基础上可以开展更为深入且合理的思考，我们会发现"宅经济"生发自人类社会发展史的初期，彼时人们的生产生活方式以家庭为单位、以社会成员个体空间为单元进行生产生活，鲜少有空间外的市场交易行为。从某种意义而言，以工业革命为分界线，首先，我们从人类发展几千年历史的视角来考察，人类99%以上的时间都可能处在以生活方式为核心的"宅经济"之中，此种以"生活方式为核心的'宅经济'"保持了相对恒定的状态。① 其次，自工业革命开展以来直至如今的信息时代，人类社会的生产力相较于工业革命之前发生了天翻地覆的变化，人们逐渐转向了以生产方式为核心的工业经济。在此情境下，人们纷纷从自己的"宅"居中走出来，进入工厂等工作场所，依靠规模经济效应的成本优势，大力发展社会生产力，提高人们的物质文化生活水平。如今，随着信息时代的到来，在现代信息技术的推动下，人们的

---

① 姜奇平. 网宅经济是整体经济 [J]. 互联网周刊, 2011 (13): 26-29.

消费心理与消费模式与此前呈现出较大的不同，其不再满足于工业化生产时期标准化、同质化的产品和服务需要，在新的时代语境下具备了一定的社会存在基础，人们对于追求"个性化与定制化"的消费需求正变得日益强烈。因此，作为信息时代的生活方式，与其说"宅经济"是一个新鲜事物，毋宁说"宅经济"是对人类历史的回归。

二、信息时代"宅经济"的发展动因

信息时代，以互联网为基础的现代信息技术的快速发展，是推动当下"宅经济"和"无接触经济"发展的主要动力。

（一）实现服务手段的数字化

一方面，互联网上相关平台（如京东、淘宝、当当、亚马逊等）的出现不仅为产品提供了更为丰富的展示渠道，还满足了人们足不出户购物的需求与体验。通过互联网，电商网站可以采用丰富的图片、视频，甚至三维仿真等形式详细地对展品进行展示[①]；另一方面，人们还可以通过互联网直接体验产品的特色。如可借用各种媒介（如文字、图片、全息影像、艺术装置、VR 技术等）来营造展示产品高科技、高情感的故事空间和视觉景观，通过媒介的运用，带给消费者身临其境的真实或虚拟体验，与文学和电影叙事作品相比，这种体验是沉浸式的感官体验，有着更加真实的在场感和参与感。

（二）购买与支付实现数字化

10 年前，我国居民还处于传统消费时代，由于以互联网为基础的

---

① 屈云东，朱力，毛寒. 视觉信息跨媒介传达的形态演变及其生成逻辑探究［J］. 湘潭大学学报（哲学社会科学版），2018，42（06）：146-150.

现代信息技术发展还不够完善，"数字化"似乎离大众的日常生活很遥远，在传统的商业场景中，需要人们亲自到卖场（如专卖店、餐厅、便利店、购物中心、超市等公共场所）了解产品质量的优劣和服务的情况，并现场下单完成付款，最终形成交易。如今，随着以互联网为基础的现代信息技术快速发展，"数字化消费"这一新兴消费方式，因其方便和快捷的特点而被越来越多的人接受，正在给人们的生活、工作，甚至思维方式带来多种冲击和重大变革，并且逐渐渗透到生活的各个角落。在数字经济时代，一方面，由于摆脱了"物理空间"的限制，商家可以在互联网相关平台（如京东、淘宝、当当、亚马逊等）上标明商品的信息，更多的商品得以在互联网相关平台上展示出来；另一方面，消费者则可以通过个人计算机、手机、平板等智能终端登录相关平台，通过平台图文并茂的展示了解产品的详细信息，如果对所展示的商品满意，则在平台上下单和支付。购买与支付的数字化也最大程度避免了面对面的接触（尤其是在新冠肺炎疫情防控期间），推动了"无接触经济"的发展。

（三）在生产工具方面，消费者在很大程度上摆脱了对资本的依赖

信息时代，消费者所持有的私人平板电脑、计算机、智能手机等电子设备，既是功能强大的生产力工具，也是满足日常生活需求（阅读、上网、观看视频、打游戏等）的硬件产品。尤其在面向数字经济高度发达的消费者领域，"信息时代"和"数字化社会"及数字化信息革命的浪潮日新月异，新型模式和业态不断涌现，数字产品在大众生活中变得更加普遍化。另外，在"摩尔定律"的驱动下，随着生产力工具性

能指数的不断提升，相反其价格却可以保持相对不变，甚至可能会出现大幅度的下降，可以认为，在信息时代下生产力工具的大面积普及得益于"摩尔定律"的驱动。同时，数字经济在信息时代具有社会化生产的特征，并且各司其职，以互联网企业为例，互联网企业往往只负责提供平台与技术支撑，吸引社会大众和其他企业成为平台上商品或服务的提供者。以腾讯旗下的产品"QQ"与"微信"为例，腾讯负责开发出"QQ"与"微信"的基本架构，并提供技术支撑，人们真正使用的 QQ 空间、QQ 即时通信、QQ 群、QQ 游戏及微信视频号、微信即时通信、微信朋友圈、微信群、公众号等功能的实现，却是由广大用户来参与实现的。其中，每一个用户都作为"QQ"与"微信"的完整产品生产者而存在。

三、"宅经济"正在重塑信息时代大众文化消费行为

（一）信息时代新兴技术优化资源配置，降低交易成本

信息时代，数字经济下的电商市场打破了消费者和生产者之间的边界，可以在需求方和供给方之间进行动态转换，极大地提高了供求双方间的搜寻匹配效率，降低了消费者的搜寻成本和时间成本。对消费者而言，具备"搜寻、匹配"能力对于满足消费者"个性化需求、降低搜寻成本"尤其重要，这两种能力的改善是决定电子商务市场效率的关键。随着大数据、云计算、人工智能、物联网等新兴技术被运用于电子商务领域，电商平台正实时反映着供求双方的交易信息，以更低的市场摩擦和更高的市场效率，高效协调地区间资源配置，降低交易成本。

（二）信息时代健全的营商环境为消费者提供更好的消费体验

在前信息时代的线下消费中，消费者如果想要了解某项产品和服务

的信息，需要到卖场（如专卖店、便利店、购物中心、超市）等公共场所进行亲身体验并做出消费决策；而在互联网驱动的数字消费中，大量消费者可能都体验过大数据提供的便利，其消费感知和消费决策很大程度来自大数据为其提供的描述和参考，正因为如此，在消费者的线上消费环节，消费者可能会对线上消费的环境、终端操作界面友好度、个性化服务、权益保障、客服及售后服务、安全及隐私保护等环节提出更高的要求，而针对于消费者完成线上消费后的环节，消费者可能会对物流配送提出更高的要求。基于此，如何营造良好的营商环境与一站式服务体系正成为吸引消费者的关键，因为以上环节都将会对消费者的支付意愿、消费体验满意度产生重要影响。

（三）信息时代消费者的消费观念发生了潜移默化的改变

首先，信息时代，线上消费极易受情境互动的影响。在当前强大的5G 网络环境下，消费者无论是通过生活服务类 App（如美团、饿了吗、拼多多等 App），还是在网络上与周围人进行交流和沟通，都可以认为其社交活动从形式到内容都较之前产生了新的变化，并且大部分消费者都试图以产品或服务的质量为重要参考，这些参考对于消费者的购买决策具有重要意义。

其次，消费者对精神文化产品和服务的消费需求得到了显著提升。随着生活水平的提升，消费趋势从单一的"物质消费"转变为"物质消费与精神消费"并重。在传统消费环境下，消费者更加看重商品的实用价值，即注重功能性消费。在信息时代环境下，随着生活水平的提升，物质条件得到了极大的改善，充实精神文化生活已成为"人民对美好生活向往"的必然要求。

最后，受互联网大数据的影响，消费者的消费理念由单一的"计划性消费"转变为"计划性消费和冲动性消费"并存，消费者在"冲动消费"中获得了心理满足，并逐渐成为释放身心压力的一种手段。在淘宝、京东、当当等电商平台中，用户对商品的评价分享与商品精美的广告宣传及促销优惠等并存，最大限度地激发了大众的购物欲望。

四、信息时代"宅经济"发展的趋势特征

在信息时代，"宅经济"作为一个网络新兴名词，从社会发展层面来看，"宅经济"作为一种新兴的商业文化与新兴的消费模式而存在，从商业发展层面来看，"宅经济"还作为一种新兴的业态模式而存在。"宅经济"本身包含的丰富含义具有有别于传统经济的显著趋势和特征。

（一）"宅经济"产业范围进一步拓展

随着"宅经济"的持续升温与"宅消费"的进一步扩大，新的产业在信息时代环境下不断涌现，可以预见，随着"宅经济"产业范围的进一步拓展，必将延伸出一个关于"宅经济"的新产业链条。如养老产业，从供给侧角度来看，老年人既是消费者，也是投资者和劳动者，同时是需求方和供给方，具有多重身份。新冠肺炎疫情让更多老年人了解了在线商品的丰富性和更多的服务可能性。就服务可能性而言，最直接的是可以让有能力的老年人依托互联网平台，充分运用互联网技术为其提供文化娱乐产品、身体与心理诊疗、餐饮等日常消费品等。需要特别说明的是，在信息时代的背景下，由于一些老年人在面对迅速更新的智能电子产品时，因自身心理原因担心其损坏，经常不敢去用，他们具有较大的心理障碍，产品存在着较为突出的技术瓶颈这个共性问

题。对于这一问题，此次疫情期间关于"宅经济"产业范围边界的一些探索，为今后我国养老产业的发展提供了丰富的启示。

随着电子商务的不断发展，以 B2C 为代表的电子商务，以全新的经济形式成为数字经济的新宠。无论是业务种类的创新，还是业务范围的拓展，其都呈现出与传统商业情境完全不同的情景。在此情形下，"宅金融"也迎来了快速发展的黄金时期，这是未来电子商务的发展趋势，必将深度融入"宅经济"中。

（二）"宅经济"消费领域进一步拓宽

"宅经济"因网络而生、因需求而长、因危机而兴，因其与当前社会大多数人的工作、生活习惯高度契合，便逐渐渗透到人们居家工作和生活中的方方面面，并在内容与形式方面呈现出丰富多彩的样态，甚至成为现代工作和现代生活的潮流。发轫于非典时期的电商、社交软件等"宅经济"初始样态，不仅使人们的消费习惯慢慢发生了改变，还促使社会商业发展模式快速更新，在这种新的消费习惯与商业发展模式中，人们通过商务平台能够实现更为便捷的购物需求。现代通信技术以及电商平台经过近 10 年的快速发展，更多的人逐步认识到了"云消费"的便捷，就这一因素而言，笔者认为相对于传统线下面对面的消费模式，人们更加倾向于采用线上消费的模式，这一新习惯很可能成为信息时代"宅经济"的新常态。

例如，在 2020 年新冠肺炎疫情期间，得益于人工智能、大数据、5G、云计算等新数字科技的高速发展，"黑科技"升级和大数据应用、互联网和物联网技术，为"宅经济"的科技创新提供了新动能，让许多民众在宅家工作与生活中形成了线上消费的习惯，这从侧面进一步推动了"宅经济"的发展。同时，新生代主力消费人群带动其周边人加入"宅经济"（如电子游戏、动漫、追星、连环画等），它在商家眼中是可以深挖的一座"金矿"，这也为"宅经济"做大蛋糕、加大商业创新，提供了催化剂。以新冠肺炎疫情期间电商消费领域的发展为例，据京东到家、每日优鲜、多点 Dmall 官方等平台分别公布的数据显示，仅2020年春节期间，这些平台实收交易额较2019年同期分别增长了370%、321%、225.7%。从这些数据来看，疫情之下的电商消费呈现出火爆增长的趋势，主要原因是新冠肺炎疫情发生后，全民皆"宅"，"到家"这一刚性需求增强，催生了以人工智能、大数据等数字技术为支撑的新产业形态的兴起。另外，政策利好也是助力新冠肺炎疫情期间电商消费的另一重要因素，自2020年2月起，中国人民银行等部门分别印发了《关于进一步强化金融支持防控新型冠状病毒感染肺炎疫情的通知》《中国银保监会办公厅关于进一步做好疫情防控金融服务的通知》等政策文件以及多项减免和扶持政策，要求银行等金融机构优化丰富"非接触式服务"渠道，加强线上服务，提供安全便捷的"在家"金融服务，引导企业和居民足不出户就可以办理相关业务，以上有助于电商降低运营成本、应对危机。

另外，新冠肺炎疫情期间的"宅经济"也大幅度扩大了内容消费的规模，根据多家机构发布的2020年一季度传媒行业数据显示，在疫情的影响下，App 下载量最多的是游戏类程序，大众对美食、健身、线上学习等内容的关注也明显增多。从当前主流平台（Bilibili、爱奇艺、腾讯）2020年一季度的营业收入来看，分别同比增长68.59%、9%、19%。不得不说，新冠肺炎疫情期间的"宅经济"又给游戏、在线学习、影视平台带来了巨大的流量。①

（三）"宅文化"渗透进一步强化

信息时代背景下，"宅文化"作为一种快速蔓延的"亚文化"现象，目前已经由电影与动漫领域跨界到了互联网消费领域，并在此领域进一步促进了电子商务和电子政务的发展，笔者认为，其可能会在经济、社会乃至生活层面产生较大的变化。从客观角度看，"宅文化"是"宅消费"的重要推手，也间接地助推了"宅经济"的发展。当然，"宅文化"作为一种新兴的"亚文化"现象，其发展过程中必然会出现一些与当前经济、社会乃至生活不同的地方，这就需要一个慢慢优化的过程，但是"宅文化"在现代社会的蔓延，甚至强化的趋势是毋庸置疑的。

以日本新生代为代表的"宅群体"为例，随着"宅文化"的不断发展及新生代余暇时间与收入的逐渐增多，各种与"宅文化"相关的产业（如电子游戏、动漫、追星、连环画等）也借机得到快速发展，"宅文化"的全产业链已形成一定规模。例如，在与"宅文化"的相关产业中，以新生代为代表的"宅群体"在日本催生出了每年近300万亿日元产值的动漫产业，其占GDP总量的10多个百分点，使动漫产业成为日本国民经济的支柱产业，并曾多次把日本最重要，也最引以为傲的汽车产业抛在了后面，而这种宅文化，也随之成为日本当代文化的一个重要组成部分。②

---

① 方媛，张捷. 再娱乐——后疫情时期的大众文化消费趋势及对策研究［J］. 南京艺术学院学报（美术与设计），2020（05）：173-179.
② 赵向华. 新生代文化消费心理与行为研究［J］. 商业经济研究，2020（21）：81-84.

第三节　信息时代传统娱乐习惯的再造与
新型娱乐习惯的转型

改革开放以来，我国各项事业取得了巨大进步，社会面貌焕然一新。我国在经历了改革开放初期与 20 世纪 90 年代市场化深化期的迅猛发展，大众娱乐习惯经由社会变革、政策牵引、市场冲击、技术加持所形成的"力场"的无形拉扯和有意推进，从形式到内容、从结构到功能、从性质到价值都发生了重大变化与转型，人们的娱乐习惯也发生了巨大变化。

进入 21 世纪，随着互联网的飞速发展与快速普及，人们开始积极拥抱信息化时代，信息技术成为影响经济、社会、文化发展的最活跃力量，并试图在新世纪人类社会变革中实现"弯道超车"。与此同时，"全球化""市场化""信息化"作为 21 世纪初期全球最显著的三大特征，其在我国亦变得愈加明显，得到了更加深入的发展，在此情形下，人们看似能动性的选择也无不受其客观环境的制约，被裹挟进"市场化""全球化"和"信息化"的三股洪流之中，任其摆布。与此同时，和普通社会大众紧密相连的日常娱乐生活也逐渐在这三股洪流之中衍生出了新的内容，游戏行业近 20 年的发展即是一个典型案例。除了普通社会大众的日常娱乐生活受到"三股洪流"的显著影响之外，以冯骥才先生为主要代表的有识之士也开始以"传统文化"为切入点，就"传统文化"在"市场化和经济为中心"的发展模式下展开讨论，使得"传统文化"再次成为学界讨论的话题，并焕发出了新的生机。

44

　　由前文所述，受 21 世纪初"三股洪流"的显著影响，全球文化
的交流变得更加频繁且深入，受此客观因素影响，人们日常娱乐活动
逐渐表现出更加"多样化""个体化"和"技术化"的倾向，而人们
的日常娱乐习惯在这一时期则呈现出"传统娱乐习惯再造与新型娱乐
习惯转型"的显著特征，无论是在社会治理层面还是在经济层面，国
家又重新注意并重视"文化娱乐"的价值。就新文化的形成而言，能
够进行有效互动及规模较大的行动者参与其中，更有利于促成新文化的
出现。自 21 世纪初以来，"三股洪流"助推了文化更加显著的"麦当
劳化"倾向，客观上使西方文化在全球范围内得以迅速传播，并加深
了西方文化圈层对非西方文化圈层的渗透，我们以发展的眼光来看，任
何事物都具有两面性，"市场化""全球化"和"信息化"在助推西方
文化圈层对非西方文化圈层的渗透的同时，势必会引起非西方文化圈层
对西方文化圈层的抵制，间接地促使一些非西方文化圈层民族传统文化
的复兴。纵然闭塞的社会在开放的初期会积极拥抱和吸纳外界文化，但
当外界文化威胁到本土文化的传续时，或许是对文化全球化冲击的一种
民族式的反应和表达，有识之士就会率先觉醒，维护其安身立命的文化
传统。例如，21 世纪初的"国学热"从学院派研究蔓延到民间实践，
即在某种程度上迎合了国内部分民众的心理需求。新世纪传统文化的复
兴不同于改革开放初期传统文化的重建，两者表现出了截然不同的特
点，前者（新世纪的传统文化复兴）呈现出了"底层—高层—底层"
反 V 型结构，即"首先由文化自觉的城市中产阶层发起和实践，再经
国家推动逐步由城市推进到乡村的递进过程"；后者（改革开放初期的
传统文化的重建）则在 20 世纪 80 年代形成了城市文化西化和农村文化
复古化的断裂局面，它是国家退场后在乡村社会通过接续传统文化资源

来弥补公共文化生活的缺失。如在 2008 年 2 月起开始实施的"京剧进中小学课程"工程，其于 2009 年 7 月就已在北京、天津等 10 省市试点，作为近年来具有代表性的传统文化复兴工程，得到了人们的大力支持与响应，在这类传统文化复兴工程的带动下，其他传统文化艺术和技术，如书法、武术、杂技等传统文化，也逐渐被纳入"进校园"的活动之中。

在信息时代的全球化市场格局下，各国的传统文化资源正逐渐成为本国参与世界文化交流、繁荣本国文化的独特资源，"越是民族的越是世界的"正是对这一理念的诠释。例如，在 2021 年春节期间，郑州歌舞剧院创作的《唐宫夜宴》不仅使一群"唐朝胖妞""火"了，也让收藏在河南博物院里 1500 年前的"唐俑美人""活"了，节目除了带动"国潮热"以外，更是吸引了网络主力军——年轻人的眼球，相关话题也刷新了河南春晚的关注度，使其取得 25 亿次的阅读量。与此同时，外交部发言人华春莹在个人推特上的推文点赞，You Tube 账号、人民日报海外版上的视频上传，也让《唐宫夜宴》实现了国际传播，成为弘扬中国传统文化的经典案例。由此可见，在信息时代传统文化的重构，既有对传统娱乐习惯的再造，其还与科技创新同步发展。在新时代，它被国家赋予了新的使命，那就是向大众提供心理慰藉以应对社会结构的转型。

在信息时代的助推下，新型的娱乐习惯发生了重大变革，即娱乐形式的组织化、团体化倾向正日益变得明显，互联网信息技术的发展以及人口规模的扩张在其中发挥了重要作用，前者甚至有着决定性的影响。互联网信息技术、便捷的信息沟通使大众更容易找到志同道合者，其比以往各年代的群体更容易进行有效互动，而密切的交流又可进一步强化团体感。在城市社区中，不仅存在着中产阶级的马拉松、骑行、竞走与富裕阶层的高尔夫等休闲娱乐项目，还存在着中老年人的广场舞、乐器队与年轻人的街舞、电子游戏、音乐节、网络直播等休闲娱乐项目。另外，随着社会经济的发展，KTV 作为大众休闲、娱乐活动的重要形式，在社会生活中的地位正日益突出，KTV 作为新时代中城市休闲娱乐的主要方式被广泛普及，吸引了大量的消费者。作为一种娱乐消费商品，KTV 兼具社交属性，是新型的社会关系和生活方式的微观缩影，正在影响城市各个阶层的日常生活。这种新型娱乐习惯的组织化运作机制，一方面是由于社会结构的剧烈转型对人们生活的冲击，迫使大众不得不寻求加入组织化的社群中；另一方面，在现有"国家—社会"的框架下，组织化的娱乐团体也是社会力量发育的合法地带，国家乐见文化娱乐组织的成长，并积极将其纳入体制框架，以协助社会文化治理。

在面对突如其来的新冠肺炎疫情及其常态化防控趋势的大背景下，以 5G 为代表的新一代通信技术的迅猛发展，也为信息时代下大众新型娱乐习惯的重塑提供了有利的技术支撑，同时，也促使人们重新审视社会与生活、社会与家庭之间的关系。韩炳哲在《娱乐为何》中提出了娱乐的"元理论"①，他认为娱乐如今已不是打发空闲时间的活动，在信息、知识、工作中都有着认知性娱乐的成分，娱乐已成为一个无处不在的、中性且开放的概念。信息时代，随着网络和通信科技的发展，大量信息充斥于网络之中，这些良莠不齐的信息在某种程度上造成了人们注意力的转移和短缺，另外，信息时代人们的生活与工作节奏较快，身

---

① ［德］韩炳哲. 娱乐何为［M］. 关玉红，译. 北京：中信出版社，2019：167.

心背负的巨大压力亟须得到排解，在此种情况下，"娱乐"正逐渐表现出"泛化"倾向，呈现出"泛娱乐化"的特征，其具有"泛娱乐化"特征的内容产品既成为吸引人们关注、放松身心的重要元素，又作为大众媒介争夺人们注意力资源的一种手段，真可谓一举两得。尤其在后疫情时代，具有"泛娱乐化"特征的休闲娱乐活动将与民众的日常生活联系更加紧密，此时，是否在日常生活中能够体验到高质量的休闲娱乐活动，则成了衡量人们幸福感和满意度的重要指标，对当前的人们具有重要的作用，因为高质量的休闲娱乐活动不仅能够满足人们在自由交流中获取新知识的需求，也能在一定程度上消解因疫情带来的负面影响，缓解人们在新冠肺炎疫情期间的紧张、焦虑情绪，使人们的身心得到放松。例如，2020年新冠肺炎疫情发生期间，由真实在场的网友们所拍摄的纪录短片《凌晨四点的武汉》，直观展示了处于疫情风暴中心的人们的生活状态，同时引起观看者的深度共情；由央视发起并吸引4000万网友在线观看的无间断直播火神山、雷神山施工现场，网友们在担任互联网"云监工"的同时，还在社交媒体上给"二神山"成立粉丝后援会、建立超话等，这一系列行动不仅扩大了社会正能量的传播范围，还直接增强了全国人民战胜新冠肺炎病毒的决心。就像学者约翰·凯利（John Kelly）所说的那样，非正式的社会交往和沟通并不是社会重要组成部分的中断，而是构成我们整个生活结构网络的一部分。通过真实的内容表达，受众和内容创作者的情感联系在一起，促进了人与人之间的联系和观照。

在新的时代背景下，全球化与市场化所带来的社会结构的巨大变迁和西方文化娱乐工业对中国文化娱乐习惯的冲击，迫使国家和社会不得不重新思考文化政策，以抵御外来文化对民族文化与民族精神秩序的侵蚀。无论是传统娱乐习惯的重构，还是新型娱乐习惯的转变，抑或是在新冠肺炎疫情发生期间大众"被迫"形成的新型生活方式和娱乐习惯，这一切都是由于应了各种生活方式和娱乐习惯也是有组织化的方式而存在，它才成为国家进行文化治理和重建陌生人社会联系的有效手段。同时，传统文化娱乐习惯在新的历史机遇下得以重生，成为建构民族国家认同和社区共同体认同的有效资源。总之，文化及娱乐习惯开始被国家赋予新的治理价值，文化治理日益成为国家治理现代化的重要组成部分。

第三章

信息时代大众审美趣味与文化消费心理

有学者指出，我国互联网消费始于 20 世纪 90 年代，但真正快速增长始于 2007 年。随着互联网通信技术的快速发展，越来越多的人更加倾向于选择网上购物这一便捷的方式，目前来看，网购不仅改变了"前互联网时代"人们的生活习惯与生活方式，也间接地促进了"互联网时代"消费模式的变化。从当前大众的消费类型来看，互联网消费占据的比重越来越大，其影响力也在逐年扩大。因此，研究信息时代下大众的审美趣味、文化消费心理、特征及诸多影响因素，对于信息时代互联网视觉塑造、传播等方面十分有必要。

第一节　信息时代大众泛娱乐审美趣味

近年来，以《吐槽大会》为代表的迎合大众审美趣味的网络综合类节目，在商业和传播方面表现不俗，收获颇丰；中国独立摇滚、民谣、嘻哈等小众音乐，通过《中国好声音》《中国好歌曲》等节目取得裂变传播效果，更多观众也开始关注赵雷、赵照等音乐人及其作品；

《哪吒之魔童降世》《战狼2》等影片也在票房和口碑上有亮眼的收获。网络新媒体时代，大众审美趣味不断转变，商业化、娱乐化、多元化特征渐趋显著，成为具有多重意义的审美文化现象，逐渐表现出"泛娱乐"① 性的社会热潮。反观人类艺术的发展，媒介技术的变革则始终丰富并拓展着受众的艺术体验与审美感知。本小节试图从美学与社会传播学的角度，分析"泛娱乐"视角下"信息时代大众审美趣味"的新形态、新特质，探寻"泛娱乐"视角下"信息时代大众审美趣味"在传播中发生显性化发展的内在动因，对于提升大众审美格调、增强文化自信、重塑大众审美趣味具有一定的现实意义。

一、信息时代大众的泛娱乐审美心理

何为"泛娱乐"？首先需要对"娱乐"一词进行重新审视。娱乐在审美文化视域中有着悠久的历史，经典美学理论认为文艺作品与文艺活动中的娱乐具有"自由的游戏"的精神内核，休谟将满足感、美感与美联系起来，在审美活动中肯定了感官层面的愉悦作用②；席勒认为以游戏冲动为基础的审美使人获得完美自由的人性，随着游戏冲动逐渐用表现在内容上的自由来充实其空虚感，游戏不是无意识的、官方的娱乐，它是一种想象的表达，席勒在此基础上提出了"审美游戏说"③；帕克也在《美学原理》中指出"艺术价值"可以通过媒介（色彩、字音或乐音、线条和形状）有序的节奏和关系来实现，追求这种感官上

---

① 秦在东，靳思远."泛娱乐主义"思潮的生成机理、危害及其治理 [J]. 思想理论教育导刊，2020（11）：92-96.

② ［英］大卫·休谟. 人性论 [M]. 石碧球，译. 北京：中国社会科学出版社，2009：333.

③ ［德］席勒. 美育书简 [M]. 徐恒醇，译. 北京：社会科学文献出版社，2016：112.

的愉悦与舒适是文艺爱好者日常娱乐活动中不可或缺的一部分。①

　　进入后工业时代，泛娱乐化的文化发展与过度包装的娱乐内容，使得娱乐的概念越来越与消费主义相关联，其可能对大众的精神文明建设与审美品位造成的负面影响，正逐渐成为学术界讨论的焦点。针对"泛娱乐"，已有学者进行过讨论，对本文多有启发，如秦在东、靳思远认为"泛娱乐"兴盛于网络与现实空间中，② 随着媒介的发展，技术赋权、资本驱动、社会转型等在虚拟网络与现实空间中的多元嵌入，娱乐和民众日常生活的联系越来越密切，使政治、教育、新闻等领域的话题内容都在娱乐化的超意识形态中表达出来，当娱乐与非娱乐之间的界限变得越来越难以划分时，文化话语的性质就发生了变化。③ 特别对 95 后、00 后这些"网络原住民"来说，他们可以快速通过豆瓣、微博、小红书等网络社交平台的话题、标签等功能表达观点、参与讨论，甚至制造话题。在这种业态下衍生出的网红经济、粉丝经济等新兴经济形态也在对娱乐内容的持续生产与消费中逐渐扩张，对 95 后、00 后这一代而言，娱乐不再仅限于消遣和休闲，而是一种自我表现、寻求身份认同的方式，在娱乐中结识志同道合的朋友，发展丰富多彩的文化圈，正日益成为青年群体日常生活的重要组成部分。

　　在对上述文化发展现状进行分析的基础上，本小节提出了"泛娱乐"的概念。需要指出的是，"泛娱乐"之"泛"不仅体现在娱乐触角突破其边界应有的外延，伸向包括政治在内的社会、经济、文化、传媒

① ［美］H. 帕克. 美学原理［M］. 张今，译. 桂林：广西师范大学出版社，2001：25.

② 秦在东，靳思远."泛娱乐主义"思潮的生成机理、危害及其治理［J］. 思想理论教育导刊，2020（11）：92-96.

③ ［美］尼尔·波兹曼. 娱乐至死［M］. 章艳，译. 北京：中信出版社，2015：118.

等各个领域，还表现为娱乐内容对人们的精神生活和思维方式的深刻影响，是一种极具感染力的社会思潮。本章提到"泛娱乐"的概念，目的是构建一个有别以往文化理论中所批判的娱乐（Entertainment），即在具有开放性、创新性、参与性和能动性的基础上建立娱乐（Recreation）概念。① 相较"Entertainment"的被动娱乐，"Recreation"这种活跃而积极的娱乐性质与法国哲学家让·弗朗索瓦·利奥塔在《何谓后现代主义?》一文中对"后现代"的描述不谋而合，即"后现代应当是这样一种情形：在现代的范围内它往往寻求新的表现，其目的并非为了享有它们，而是以表象自身的形式使不可表现之物实现出来，进而传达一种强烈的不可表现之感"②。按照利奥塔的观点，后现代是对现代的积极推进，在后现代的大众审美娱乐活动中，这种"积极推进"不仅能使参与者始终处于一种动态的体验过程中，而且能通过参与者的直接体验营造一种开放、积极、创新的"泛娱乐"内涵，在产业转型升级的大趋势中使文化和审美积极赋能后现代大众的日常生活。

二、信息时代大众的泛娱乐审美心理特征

通过对艺术史的深入研究，丹纳提出了种族、环境、时代"三要素"说，他认为艺术家与普通大众的审美心理是由上述三个要素共同作用形成的，并受到这三个要素的制约和影响。③ 当下，随着青年群体

---

① Entertainment 一词的词根 tain 意为持有、握有，Entertainment 一词多指以享乐取悦为目的的活动，暗含被动、静态地接受娱乐形式之意；Recreation 一词的词根 create 保留了通过自我能动创造、生产的内涵，而作为娱乐之意，则强调了通过娱乐来恢复与工作不同的身心状态。

② 王岳川，尚水. 后现代主义文化与美学 [M]. 北京：北京大学出版社，1992：52.

③ 许宁. 微时代的审美趣味新变 [J]. 社会科学辑刊，2014（06）：173-176.

在文化消费中所占的比例越来越大，娱乐体验成为文化产品有效吸引注意力、提高用户黏性的重要因素。社会休闲学者约翰·凯利认为，休闲娱乐主要有两种形式，一是有组织、有目的的娱乐，二是自娱自乐的即兴游戏。① 对"泛娱乐"视角下"信息时代社会大众审美心理"特征的分析既需要基于社会现实的精细入微剖析，又需要宏大的视野与历史的眼光。因此，在"泛娱乐"视角下，需要以"精英阶层-草根阶层""趣味稳定-趣味易变""共性追求-个性彰显"的融合视角来审视"信息时代社会大众审美心理"的特征。

（一）由精英阶层向草根阶层转变

众所周知，文艺创作包括文本的产生、传播和接受三个环节。艺术创作者在传统意义上始终保持着独立的审美精神品质，遵循经典美学自我超越的精神追求，怀着崇高理想，以无功利为出发点进行创作，他们崇尚精英文化，喜欢有"恢宏气派""壮美气派"等气质的高大上的艺术作品。其中，包括追求精英权威叙事的纪录片，恢宏巨制的动辄几十、上百集的"长河电视剧"，等等。文艺与影视作品中对经典的偏爱，正是对精英与经典的推崇，这一审美偏好虽出现于传媒时代，但其本质仍是对传统审美理想的延续，是对传统精英艺术观念的一次更新。

在数字化新媒体技术的推动下，文艺创作从单向传播转变为创作者和受众的多维互动，不再局限于相对独立的创作者，传播也不再局限于传统媒体，受众也不再完全是被动的。在此状态下，艺术传播与接受者之间的界限变得模糊，每个结点既可以是边缘，也可以是中心，每一个

---

① ［美］约翰·凯利. 走向自由：休闲社会学新论［M］. 赵冉，季斌，译. 昆明：云南人民出版社，2000：36.

节点都可能成为艺术的生产者、传播者和接受者中的一环，艺术传播走向裂变式发展。这必然会影响到传统文艺创作的生态格局，人们的审美理想、审美标准和审美趣味也在不断变化，"微"的魅力和"小"的美感开始显现。随着传媒技术的发展，审美诸因素已经从对精英文化的偏爱转向了对草根文化的推崇，微时代也在一点一滴地改变着我们的审美趣味。

具体来说，艺术鉴赏和日常生活之间的界限消失了，雅俗之间的隔阂被填补了，传统的古典美学标准和艺术等级体系遭遇消解。在数字媒介时代，每个人都是主角，可以到"草根秀"的舞台上表现自我。近几年，如《星光大道》《我是歌手》《中国好声音》等节目在社会中有了较大的影响力，此类节目有一个共同的特点，即其几乎都是草根竞技类真人秀节目，其中的"陆海涛""大衣哥"等以草根身份出现的参赛者给观众带来了丰富的话题空间与别样的审美意象。

（二）由趣味稳定转向趣味易变

个人的审美标准与审美趣味是在长期的生活实践中逐渐形成的，因而具有一定的稳定性和保守性，就如一个人可以一夜暴富，却很难一夜之间改变他的审美标准与审美趣味。但这并不意味着一个人的审美标准与审美趣味是完全无法改变的，这也与其所处的生存环境密切相关，生存环境在改变，审美趣味也在改变。网络媒介时代，人们的生活节奏加快，外部生活环境的变化速度也加快，人们审美趣味发生变化的可能性增大。伴随着媒体时代的到来，一种流行趋势往往以极快的速度在全球范围内流行。例如，一般民众既可以通过网络观看巴黎时装秀，也可以在其结束的第二天通过电子商务平台购买同样的影星服装。在这种情形下，审美标准和审美趣味的产生与消亡速度之快令人惊叹，人们追求时尚的步伐也越来越快。

以中国为例，不论在古代还是在现代，不同的阶层都有不同的趣味，精英阶层喜欢"阳春白雪"般的高雅趣味，大众阶层的艺术朴实无华，这些趣味的差异将社会分成不同的等级。作家韩少功曾说："越是名牌越可以高价，越是高价就越像名牌。在品牌消费心理的惯性推动之下，品牌可能很快成为一种时尚一种符号一种顾客得以满足的心理感觉。"[①] 已知服饰是区分阶级的重要符号之一，高雅趣味的精英阶层在外表上更加突出自己的优越地位，他们通过各种方式将自己与大众阶层区别开来；而大众阶层为了摆脱身处底层的标签，竭力模仿精英阶层的风格和品位，有人甚至用假名牌、山寨货来标榜自己。对精英阶层而言，他们通过网络媒体不断创造新的时尚，以区别其大众阶层的不同，以维护自身利益；对大众阶层而言，他们永远在追求时尚的道路上前行，而时尚就在他们的彼岸，时髦对他们而言总是可望而不可即。由此可以看出，大众的审美趣味也变得易变和不稳定起来。

另外，微信、微博和抖音已经成为人们生活中不可缺少的交流平台，作为信息交流的媒介，人们可以随时随地进行信息交流，信息的多元化和频繁的互动，使人们时刻处于审美的选择之中。因此，大众的审美标准和审美趣味发生变化的可能性也在增加。

（三）由共性追求转向个性彰显

在"泛娱乐"视角下，信息时代社会大众审美状态转变为由共性追求向个性的彰显。以影视作品为例，传统影视作品宣扬的是催人奋

---

① 许宁. 微时代的审美趣味新变 [J]. 社会科学辑刊，2014（06）：173-176.

进、充满正能量的主题思想，主人公是"高大全"的形象，其审美追求就是文本深层的"大写的我"。但网络媒体时代的影视作品，其审美标准大多是追求个性的彰显和标新立异，表现出一种任性的"我就是我"的姿态，如自虐或自恋式的非理性表达、宣扬身体美学、挖掘私人话题，等等。这些作品占据了"自我言说"的主体地位，并且具有浓厚的"自我言说"色彩，是一种主观而又平庸的情感表达，即"小写的我"。

网络化、数字化传播时代，相对中国社会长期追求的集体主义文化而言，当前网络技术的高速发展，使得人与信息高度融合，人的自我表现和对外交流的界限逐渐消失，转而对个性"小我"的彰显和追求，更应具有积极意义。因此，大众能在网上看到许多诸如"王大锤""谢耳朵""大鹏"等以其自恋特质为主角的影视作品。在使用传统叙事手法的影视剧作品中，以自恋，甚至是神经质的人物为主角，可以说是难以想象的，应当说，网络技术的发展颠覆了传统媒体时代的审美标准和审美趣味，使大众的审美趣味由追求共性转向个性彰显。网络时代是一个体现多元价值的时代，每个人都想用个性来彰显自己的存在，证明自己的与众不同。这一变化还催生出了另一个现象，即对个性化的过度追求。大众争相对新鲜事物的模仿，这在某种程度上可能致使其在整个社会的流行。所以，我们可以看到，大众在商店里买的衣服都是大批量生产的，大家在朋友圈里晒同样的照片，玩同样的游戏。这种现象在表面上是在彰显个性，但背后确是主体性的缺失。

简言之，与传统社会相比，"泛娱乐"视角下的"信息时代社会大众审美心理"特征发生了显著的变化。同时，我们发现这一系列变化也暴露出"泛娱乐"视角下的"信息时代社会大众审美心理"存在着一系列问题，即社会大众审美趣味的低俗化，审美接受能力的减弱，审美能力的退化。在面对这些问题时我们应该保持理性的认知，单一的引领范式与批判范式都会在一定程度上、一定场域中出现"失效"的现象。① 因此，怎样把"泛娱乐"作为一种积极正面的文化理念融入"信息时代社会大众审美心理"，需要从一个更具综合性和系统性的治理范式出发，寻找有效的治理路径。

三、信息时代大众的泛娱乐审美心理重建

在信息时代审美状态阶段，期望以一种声音来引导整个社会文化局面的做法是一种自不量力的想法。当前，大众文化迅速获得了文化界的霸主地位，使得文艺精英和民间文化处于危险之中。笔者认为，面对当前的文化模式应该做些有意识、有理性的调整，鼓励各艺术流派以更加开放、宽容的姿态，在大众文化之外自由地创作优秀的文本，扩大大众文化选择的空间。对"泛娱乐"视角下"信息时代社会大众审美心理"的重塑，笔者认为可从以下方面着手。

（一）倡导"对话"的多元趣味，拓展大众文化选择空间

随着大数据、人工智能、云计算、5G 等新数字科技的高速发展，以抖音、快手、Bilibili（B 站）为代表的互动视频平台为人们提供了参与娱乐、自由表达的渠道。以抖音 App 平台为例，据徐琪琪在 2022 年 5 月发表的《基于自媒体背景下抖音短剧营销模式的研究》一文中指出：近年来，在抖音 App 平台上以@三金七七等为主要代表的短剧视

① 秦在东，靳思远."泛娱乐主义"思潮的生成机理、危害及其治理［J］. 思想理论教育导刊，2020（11）：92-96.

频内容生产者的创作质量逐年提高，@三金七七作为抖音平台短剧视频内容的头部账号，仅在 2021 年就创作了 112 个短剧视频，平均每个短剧视频的获赞数基本在 120 万+。例如，@三金七七于 2022 年 2 月 14 日在抖音平台以"浪漫地追爱、告白"为主要内容推广宣传欧莱雅拼图礼盒，整部短剧采用直接营销的方式为需要推广的商品进行内容创作，并以观众不反感的软植入的形式在短剧视频中呈现出来，以润物细无声的方式满足了人们在日常生活中对于娱乐和消费的需求。随着娱乐内容生产的自主化、个体化趋势加强，目前各个行业文化生产主体基于网红文化社交互动性强、目标群体精准触达、转化率高等特点不断拓展探索的领域，为大众提供多元的文化选择空间。例如，单向街书店、南京先锋书店等实体书店也在网络平台开设直播间为观众推荐书目；上海 Team Lab 无界美术馆携手社交平台小红书 App 在木木美术馆、无界上海、上海 K11 购物艺术中心等场馆开展的"云看展"活动，吸引了大量用户的积极参与，取得了良好的传播效果；大量旅游行业主体利用移动拍摄、VR 沉浸体验和主播讲解相结合的形式开展线上互动式直播，既满足人们在线游览景点的体验感，又能实现有效的景点信息推广；抖音、Bilibili（B 站）等以娱乐或亚文化内容为主的视频社交平台邀请各类"知识网红"入驻，开展线上直播和知识付费业务。

由前所述，当下大众文化的流行蔓延，使精英文化的地位岌岌可危，摆在我们面前的首要任务不是盲目对精英文化进行简单复兴，也不是对大众文化的推波助澜。我们应当理性地面对这一变化，应该看到文化的发展是各种力量互相作用的结果。因此，在"泛娱乐"视角下，精英文化或许可以借助已经发生流变的世俗文化来寻求发展，它需要适当转换自己的表现手法，并且结合前沿动态、娱乐生活，乃至世俗文化等，倡导多元趣味的"对话"模式，挖掘出一种新的审美趣味和表达方式，创造出一种新的审美价值和价值观念，拓展大众文化选择的空间。在新的审美文化中，既要包含原有的审美趣味要素，又要开放地吸收新要素，形成新的趣味结构。

（二）发掘生活美学，融汇时代哲学，提升大众审美品位

生活美学主张回归到现实生活中重建美学，并以此为基础逐渐扩展到生活的整个图景中，是 21 世纪被推崇的美学范式，主张将日常生活美学作为深层次的研究对象。一方面，美学与文化的共生共存摆脱了以往美学对生活的逃避，实现了由精英文化到大众文化、由审美沉思到现实生活的跨越，从这个意义上讲，生活美学更多的是一种"情本哲学"；另一方面，生活美学是大众从生活中汲取灵感，是填补精神空虚的必要手段。

"生活美学中的哲学思想有着回归生活的趋向，认为美学与哲学不能脱离现实生活而探究彼岸世界，而是应该解决此岸生活中存在的问题。"① 近几年来，故宫数字化文创产品即"生活审美化"与"审美生活化"双向过程中所包含的具有审美和实质需求的高附加值产品。通过数字文创产品讲述文物背后"有温度"的故事，在潜移默化中实现文化的跨文化认同，既表达别致的文化内涵，又让大众在新鲜的体验中感受中华历史文化的精髓，主动接受和弘扬中华优秀传统文化。如《上新了·故宫》对《韩熙载夜宴图》的介绍，将画作中的生活图景转化为多维立体互动的项目，采用艺术与科技相结合的方式，向观众展示

---

① 王乃琦，刚强. 新媒体时代文创产品叙事模型研究——以故宫文创产品为例 ［J］. 出版广角，2020（18）：68-70.

唐代宴会中的休闲、送客、琵琶奏乐、观舞、清欢等行乐场景，将唐代的宫廷文化与现代生活融为一体，打破了传统文化曲高和寡的固有形象。古代画卷与现代诠释相互印证，把对精神的感悟延伸为对人生的审美体验，让观众在不经意间"一秒入画"。通过对产品与文化的直接触碰，故宫数字文创产品不仅能够淡化现实世界中文化的界限，使美学获得新的语言和表现形式，并融入当代生活，还能够引起不同文化背景下个体的共鸣。这种对美学形而下的分析以及形而上的思辨与叙述主题保持高度一致，这对中国品牌在信息时代语境下实现可持续发展和大众审美的提升具有现实意义。

（三）增强社会美育内驱力，提高大众审美能力

当代美学理论在"泛娱乐"视角下不仅发生了深刻的变化，而且使当代教育发生了深刻的变化。具体表现为：一是在当代审美教育大背景下，传统美育所依赖的"游戏说""非功利审美观"等理论知识受到了不同程度的质疑和修正，使其逐步向媒介化、生活化、环境生态化等方向发展，但当代审美教育理论建设还没有跟上当代审美教育的新变化，当代审美教育理论知识资源缺乏更新，致使其逐渐失去现实针对性、阐释力度和指导价值；二是新技术媒介使社会空间充分媒介化，而现实的审美化使非艺术而又具有审美属性的现象大量涌现，消解了传统美育对相对孤立的实施空间的依赖性，且以艺术教育为核心的传统美育之静观式的审美教育缺乏互动性、参与度低等短板而受到排斥，致使美育视域不断缩小。上述表现共同构成了后现代语境中的审美教育现状。①

---

① 杨光. 微时代的美育问题及其当代转向 [J]. 社会科学辑刊, 2019 (01)：201-208.

　　针对以上问题，范迪安教授指出，"建议在'艺术学'门类中设立'美育学'学科，下设艺术美育、学校美育、社会美育、美育学理论四个专业方向……'社会美育'主要培养面向社会各界的美术馆博物馆公共美育、设计与生活美育、美育的交流传播等方面的人才"①。范迪安教授倡导的这一"社会美育"理念与西方近现代教育的开启者夸美纽斯的想法不谋而合。夸美纽斯在《大教学论·教学法解析》开头的"向读者致意"中就曾开宗明义地指出，伟大的教学法是"将一切事物教给一切人的无所不包的艺术"②。夸美纽斯以文艺复兴时期的人文精神为指导，将近现代教育教学提升到"艺术"的高度，主张教育的最高境界应该是"教育的艺术"，即"艺术化教育"。在"泛娱乐"语境中，人民大众是物质生活的富足者，他们所表现出来的审美状态是"艺术高于现实，人民群众通过艺术的观念改变现实，艺术生产现实"，生活在这种状态中的人民阶层逐渐转向对自我的关注和自我的发现、改造和提升，而教育作为引导人民群众走向更高层次的阶梯，将发挥重要作用。

　　作为非遗大国，中国的文化资源不仅丰富，而且蕴藏着独特的文化多样性，这些也是我国发展社会美育的内驱力。2015 年 3 月，由文化部授权中央美院主办的"中国非物质文化遗产传承人群研修研习培训计划"，即中央美院第一届"非遗高研班"，为研培计划在全国范围内的普及和推广积累了经验，促成了基本课程模式与教学理念的成型与落

---

① 范迪安. 建设具有中国文化内涵的"美育学"学科——关于加强"美育学"学科建设的提案［J］. 美术研究，2020（03）：4.

② ［捷］夸美纽斯. 大教学论·教学法解析［M］. 任钟印，译，北京：人民教育出版社，2006：7.

地。"截止到 2017 年上半年,中央美院高研班已成功举办 4 期,涉及剪纸、刺绣、漆器、木雕、玉雕、民居营造、珐琅、扳匠共 8 个非遗门类,学员均为来自全国各地的省、市级非遗传承人以及非遗行业的优秀中青年从业者。4 期共有来自汉族、蒙古族、侗族、白族、土家族、回族、布依族、藏族等 98 位中青年传承人参与研修。"① 截至 2017 年 3 月,研培计划已在全国 78 所高校内全面启动,并已逐渐成为我国非遗保护工作的一项基础性、战略性工作,也是我国开设"美育学"学科和开展社会美育的基本前提。

四、小结

与传统社会相比,"泛娱乐"作为一种极具感染力的社会思潮,对当下人们的精神生活和思维方式产生了深刻的影响。同时,"泛娱乐"视角下的"信息时代社会大众审美心理"特征也发生了显著的变化,并暴露出了一系列问题。在面对这些问题时,我们应该保持理性的认知,单一的引领范式与批判范式都会在一定程度上、一定场域中出现"失效"的现象。因此,怎样把"泛娱乐"作为一种积极正面的文化理念融入"信息时代社会大众审美心理",需要从一个更具综合性和系统性的治理范式出发,寻找有效的治理路径。在未来的研究中,需要进一步深化对"泛娱乐"视角下大众文化消费趋势的认知,在常态化疫情防控的背景下,传统线下娱乐休闲活动的线上化发展趋势日益明显,消费者的精神状态和休闲趣味也随之发生转变。运用量化研究方法着力探究"常态化疫情防控背景下大众文化消费趋势与基于'泛娱乐'视角

---

① 乔晓光. 中国经验:多元化的非遗传承实践 [M]. 南昌:江西美术出版社,2018:36.

下的文化产业发展"之间的深层关系，是笔者今后值得重新审视和深
入思考的课题。

第二节 信息时代互联网文化消费的心理特征

进入 21 世纪以来，随着互联网和移动互联网技术的迅猛发展，我
国已进入信息化时代，并且表现出信息资源的极大丰富、信息极易获
得、虚拟性、去中心化四大特征。① 与前信息时代下的消费模式、配送
模式以及生产模式相比，在信息时代下，文化企业必须抓住大众的消费
心理特征及发展趋势，才能在信息化程度较高、传播媒介多元化的今天
赢得市场先机。

一、参与、创造与分享

马斯洛（Abraham Harold Maslow）的心理需求层次理论把自我实现
与超越视为个体的最高心理要求，互联网中自由的文化创造给个体提供
了自我实现与超越的平台，信息时代大众消费心理的变化影响其生活态
度与消费行为产生了显著的变化，使得"参与-合作-贡献-分享"模式
成为大众文化消费的核心价值。

从马斯洛的心理需求层次理论来看，随着以互联网为基础的现代通
信技术的不断成熟，未来大众文化消费将是一个"创作、生产和消费"
相融合的过程，其供给和消费将逐渐渗透到生活的各个层面。在这个过

---

① 陈巍. 信息时代的基本特征分析 [J]. 商业时代，2007（34）：76-77.

程中，创作与分享都将是完全开放互通的，内容消费者同时也是内容提供者。可以说，消费者不仅可以参与产品的创意制作过程，还可以将具有自己个性的文化产品主动与所有人分享，这或许是一个与消费者互动合作的结果，具有极高的个人化属性。

以"盲盒"为例，据有关数据显示，"盲盒"从 2015 年掀起热潮至今也已持续六七年时间了。2019 年，以"盲盒"为代表的潮流玩具更是达到了千亿级的市场规模。作为一款深受大众欢迎的产品，每一代"盲盒"的推出都将以新的卖点刺激消费者的感官和心理，在众多的"盲盒"玩家群体中，不仅有藏娃数千的"高级玩家"，而且还有刚刚入坑的"盲盒小白"。其在"互联、共存、共享、共通"的互联网空间中，对与"盲盒"有关的主题保持相当高的热情与关注度，他们在同一主题下进行互动与分享，已经形成千万次，甚至亿次的话题量，而且借由抖音、小红书等新媒体社交平台上盲盒爱好者的二次传播，经过"算法推送、场景营销"等传播技巧的应用，"盲盒"的分享群体与关注群体的数量更加庞大、盲盒话题的影响力更加广泛，加入盲盒战队的新玩家源源不断地出现。

由此可见，作为一款社交产品，大部分盲盒爱好者与互联网平台上其他对盲盒感兴趣的用户进行互动，无论是从"盲盒"的社会关注度、人群购买力层面看，还是从"盲盒"的商业逻辑的层面看，这实质上是利用情感镜像机制，通过评论区或其他形式为消费者营造一种社会临场感，属于一种具有深度参与感、高度个性化、创造性的大众商业营销行为，是一种新生代的社交货币。

二、娱乐化与隐私消费

信息时代，互联网的个人化属性彻底激发了人们潜意识中的窥视欲望和暴露隐私心理。在互联网的虚拟场域中，人们既是秘密的来源者也是隐私的消费者，人们通过大众媒体平台全方位消费他人与自我真实的生活影像与信息。互联网上关于明星的报道，均是粉丝出于对娱乐明星的隐私窥视欲望，人们通过关注此类事件，以此来获得心理上的满足感。事实证明，越是暴露隐私的作品，就越容易受到市场的追捧。例如，在刚刚过去的 2020 年东京奥运会上，此前名不见经传的 14 岁跳水少女全红婵夺得冠军，在其"碾压式"夺冠后，人们对这个"天才少女""新一代跳水皇后"交口称赞，同时吸引了一大批网红前去她家打卡，甚至还有人大半夜在她家附近直播带货，已经到了让"家里老人难以入眠"的程度，在此情景下，中国第一位奥运会跳板跳水金牌获得者——"跳水皇后"高敏，发文呼吁大家冷静看待全红婵的成功。在"人人皆可为导演，个个都可成明星"的信息时代，人们对未知群体和领域的窥视欲望进一步助推了文化产业各种各样的窥视行为。

如上文所述，近年来消费市场上出现的"盲盒"深受大众欢迎，盲盒风行与现代大众消费心理的变化是密不可分的，"盲盒"在一定程度上满足了大众窥视隐私的心理与猎奇的心理。随着物质生活的丰富与时代的快速发展，大众的消费需求也逐渐呈现出多元化、个性化的特征。其一，"盲盒"之所以被称为"盲"，在于其拆开盲盒的游戏规则也符合大众"想看看里面是哪一款"的窥视隐私心理与猎奇心理，因"盲盒"内的产品具有一定的随机性，顾客通过"盲盒"外在的包装无法知晓其内在产品的形态及信息特征，顾客将"盲盒"拆开，既有可能得到一个隐藏款的娃娃，也有可能得到一个基础款的娃娃，具有多种的可能性，类似于一种"抽奖"的感觉。其二，由于好奇心的驱动，大众也可以通过商业广告、人际传播、新媒体传播等多种渠道，经过一系列认知、观望、投入等，认识"盲盒"、了解"盲盒"、走进"盲盒"，成为其潜在的消费者。随着顾客对"盲盒"的了解逐步加深，加之广告宣传、自媒体传播的广泛影响，最终实施购买行为。一部分人会由线上走向线下，闲逛盲盒零售店；还有一部分人则在线上接触盲盒，通过社交媒体获得与"盲盒"有关的信息。

三、个性化需求与差异性消费

信息时代，除了群体归属需求之外，个体还表现出较强的个性化需求。在大众的心中，"集体归属"与"个性化"是两种互相竞争而又彼此共存的心理需要，人们既希望属于某个更大的集体，又希望与他人有所区分，彰显出自我的个性，各消费者之间由于存在的文化素质、艺术的审美水平、价值观的差异，使各个消费者之间存在多层次、多方位的需求，这是文化消费差异性存在的社会基础。

"群体性"和"差异性"共同形成了文化消费市场的"长尾效应"，"长尾效应"理论是在2004年10月由美国人克里斯·安德森（Chris Anderson）在一篇文章中首次提出来的，其基本内涵就是当市场规模足够宽、足够长时，一大批需求不大的市场聚集在一起后，就能像一些大型市场一样，可以创造出巨大的能量，有的甚至会超出能量的范围。实际上，在信息时代，"长尾效应"理论为企业（尤其是更多的中小型企业）的存在创造了许多可能性，它使得较小的文化消费市场得以存在，消费内容趋向细分化，"长尾效应"理论是顺应信息时代发展的新的经营思维，基于"长尾效应"理论的个性化与差异化营销方式是一种创新的方式。

信息时代，市场中庞大的个性化需求使得文化产品的生存空间得到进一步拓展，较以往更注重人们对精神文化、娱乐、心理方面的个性化和差异性需求，文化产品本质更强调"定制""个性化""客户力量"和"小利润大市场"等要素。同时，我们一方面既要关注信息时代的文化消费热点，又要不断地对大众产生新的刺激，推动大众文化产品的生产；另一方面，我们也应清醒地认识到，在信息时代的语境下，消费者的需求也是难以确定的。其中，消费者求新求异的个性化需求不仅为文化产业带来不确定的风险，也是推动文化消费的动力。可以说，消费者求新求异的个性化需求在信息时代的语境下是一把双刃剑。为了避免这种可能发生的风险，如果一种产品在市场上受到消费者欢迎并获得成功，生产者往往会开发出多部同系列产品，最大程度挖掘它们的剩余价值。如我国演员兼导演徐峥的"囧"系列电影多达4部，从其2010年第一部主演的《人在囧途》（2010年），到后面导演的《人再囧途之泰囧》（2012年）、《港囧》（2015年）、《囧妈》（2020年），产品周期前后长达10年，使得徐峥从演员一跃成为国内知名导演，在喜剧方面独创一格，深受大众欢迎。另外，美国的《哈利·波特》与《速度与激情》系列作品通过延长产品价值链条和开发周期的形式，产生了巨大的品牌价值和影响力，深受大众欢迎，在世界范围内培养了一大批忠实的"粉丝"。

四、群体性从众消费

信息时代，互联网是一个虚拟与现实相互影响、相互作用的虚拟社会系统，它既是现实社会的延伸，又是一种全新的社会存在及存在方式。与现实社会相比，由于互联网虚拟空间营造的特殊环境，各要素，如"成员数量、种类及形式"不仅更加自由，还具多样性。如既有几个人组成的小团体（如小范围的微信群聊、QQ 工作群），也有上百万人组成的大社区（如网络直播），其特征以"群体性聚集"为主要存在方式。同时，互联网虚拟社会系统又表现出三个显著的特点，其一，信息时代，互联网作为依存于现实社会的虚拟社会系统，个体可以如同在现实社会一样，根据自身需求自由组合为各类性质与功能不同的团体；其二，信息时代，互联网虚拟社会系统中的个体存在较大程度上的不确定性与不稳定性，可随时加入或退出某个性质或功能的团体，黏性变得稀薄；其三，互联网虚拟社会系统中的个体和群体不完全是虚拟的，它又可以演变为有明确行为目标的行动群体。

　　以上述互联网虚拟社会系统为基础的群体心理和行为，深刻地影响了信息时代语境下文化产品的内容和形态。法国社会心理学家古斯塔夫·勒庞（Gustave Le Bon）认为，群体无意识是群体行为发生时的基本心理状态。"心理群体是一个由异质成分组成的暂时现象，当他们结合在一起时，就像因为结合成一种新的存在而构成一个生命体的细胞一样，会表现出一些特点。"[1] 尽管存在于互联网虚拟社会系统中的群体符合这一基本特征，但客观来看，由于这一社会系统缺乏现场感，个体还存在着一定的独立思考空间，而又由于人们的从众心理特征，群体中的感情和行动又同时具有"传染性"，有可能会发生同向传播。因此，文化创意产业对于风险控制至关重要，一般文化生产企业都会在"'从

---

[1]　［法］古斯塔夫·勒庞. 乌合之众——大众心理研究［M］. 冯克利，译. 中央编译出版社，2014：14.

宽控制创意工作'和'从严控制复制和发行'进行分工，此种分工构成了专业复合体时代文化生产的独特组织形式"①。

从众心理是人们具有普遍性的心理现象，美国社会心理学家戴维·迈尔斯（David Myers）将从众视为"个体在压力下改变行为与信念的倾向，其表现形式有顺从和接纳两种，顺从是迫于外部压力而与群体趋同但内心并不赞同，接纳则是指内心认可社会压力并在行动上保持一致"②。"三人成虎"的传统成语在我国流传甚广，从心理学的角度理解人们的从众心理，可发现其强弱与群体规模、个体组成等因素密切相关，对文化产业而言，当一个时期内相当多的人对特定趣味、语言、思想和行为等各种模型或偶像崇尚、追求与随从时，从众行为则促成了时尚文化现象，即会产生某种流行时尚文化。如近年来，"神曲"通过人们在抖音等自媒体平台进行分享与传播，比较有影响力的"神曲"有《忐忑》《江南 style》《学猫叫》《我们不一样》等，其在互联网虚拟社会系统中掀起了一股全民狂欢热潮。其中，人们的从众心理是"神曲"得以风靡的重要原因；又如上文所述"盲盒"流行的原理一样，它的流行亦是基于互联网的传播优势，在一定程度上与现代大众消费心理是密不可分的。以上两个案例一方面可以从侧面证明信息时代人们"群体性从众消费"的心理特征；另一方面也说明了流行时尚的形成既可以源自群体的暗示，也可以源自文化产品的符号塑造。

---

① ［英］大卫·赫斯蒙德夫. 文化产业［M］. 张菲娜，译. 北京：中国人民大学出版社，2007：185.

② ［美］戴维·迈尔斯. 社会心理学［M］. 侯玉波，乐国安，张智勇，等译. 人民邮电出版社，2006：187.

五、小结

信息时代使得大众的生活进入前所未有的便利阶段，在这一时代，我们不管在"盲盒"的营销活动中，还是我国演员兼导演的徐峥的"囧"系列电影内，都能够发现以人为本的商业形式是未来大众文化消费的发展方向，而从受众的角度合理利用大众的互联网文化消费的心理特征来设计商业模式，可以更容易得到消费者的认可，拉近消费者与生产企业的距离，使商品在偌大的消费市场上站稳脚跟。

第三节 以"元媒介"平台为基础的信息时代大众文化选择心理范式

"元媒介"集合了过去的传播方式与媒介，使其以各种特殊渠道或虚拟形式在互联网基础上得以重现的平台，被学者称为"媒介的媒介"。我们在信息时代定义元媒介时，第一关注的是"元媒介"的"元"作为最基本、最初始、最本质的媒介界定，第二关注的是"元媒介"是对于媒介的深层思考。那么，作为信息时代的"元媒介"，大众是使用什么媒介来认识世界的？关于这一点，尼尔·波兹曼在《娱乐至死》一书中对"元媒介"有这样的论述："一种不仅决定我们对世界的认识，而且决定我们怎样认识世界的工具。"① 可以说，作为信息时代的"元媒介"，大众文化的信息传播得益于互联网通信与传输技术的

---

① 宋佳欣. 元媒介视角下新媒体评价分享功能的影响研究［J］. 文化产业，2021（16）：30-31.

不断进步，其过程已实现了受众群体的新的互动，在"元媒介"的桥梁之下，"以个人为中心"的传播环境创造出了更为大众的全民传播，不仅依然保持着媒介信息单向接受者的角色，还使大众的话语权获得了进一步强化，其成为积极的信息选择与传播者。"大众"开始从"大众"中获得更信赖、更直接的信息，并且也在主动地创造着新一轮的文化消费活动。

一、传媒平台诱导下的群体消费倾向

美国著名的媒介理论学家约翰·费斯克（John Fiske）曾提出"社会效忠从属关系"的观点，认为大众文化具有吸引周围人产生"效忠从属关系"的吸引力；而笔者认为"社会效忠从属关系"与"从众心理"存在一定的差异，"社会效忠从属关系"更多强调的是 A 对于 B 的影响，A 具有更多的主动性，而"从众心理"更多强调的是 B 被动地受到 A 的影响。由于时代变迁的速度加快以及互联网带来的消费无边界性，隐匿于互联网虚拟社会系统的消费者群体遍布世界不同区域，这些区域处于不同的经济社会发展水平，加上个体异质性，造成隐匿于互联网虚拟社会系统的消费者群体的消费心理具有一定的层次性。特别是对于年轻的消费群体，他们更加注重利用商品本身的特性来取得精神上的满足——个性化。原因是青年消费群体在刚刚接触互联网时，因为对其认识不够深入全面，只尝试利用互联网下载网络资料进行学习或是利用各种社交软件进行交流联络，对于互联网购物和使用互联网进行其他支付则显得不太积极或缺乏胆量，但随着互联网在生活中的使用越来越普遍，青年消费群体也大量地接触到互联网，并且会逐步拓宽互联网的使用范围，在互联网上利用各种支付平台（如微信支付、支付宝、银

行客户端等）进行费用的支付以及创业。另外，从约翰·费斯克曾提出"社会效忠从属关系"的概念来看，青年消费群体还存在着"诱导性"的特点。基于此，青年消费群体由于其身处电子商务迅速发展的社会时代，新产品从推出伊始，其信息就已经被广大青年知晓，年轻人会快速被这些新产品吸引，从而引发新一轮的消费热潮。

由前文可知，身处在群体中的个人一向具有明显的从众心理与理性消失的倾向（如上文所述"年轻的消费群体"），他们易受周围人观点的干扰与感染，群体中的个人因为感受到了群体力量的壮大，从而更为坚定并确信某种观点，使自身理智处于缺失状态，而群体带来的强烈而又振奋的情感则占据上风。① 在"元媒介"场域之下，基于用户参与制作内容的媒介传播模式——用户原创内容（User Generated Content，以下简称 UGC）——正在逐渐成为一种常态传播机制，在约翰·费斯克提出的"社会效忠从属关系"发挥作用时，抖音、微博、微信朋友圈、微信视频号等社交软件已向社会公众提供了可以进行原创信息展示与分享交流的平台，某些"社会群体"也在无形当中逐渐形成。

在约翰·费斯克提出的"社会效忠从属关系"视域下，社会群体虽然是一个没有被刻意组织起来的散状人群，但他们会在某种无意识的状态下达到某种"团结"的状态（有着类似的目的与行动，并且关注着相同的社会热点），他们期望由一个"领袖"一样的人物用最为快捷的方式来引导他们实现自身的目标，而基于互联网技术的用户原创内容（UGC）的广泛出现，则为这种"领袖"意见的传播提供了更为快捷方便的渠道。群体里的个体在享受参与行为所带来的沉浸式体验感的过程

---

① ［法］古斯塔夫·勒庞. 乌合之众——大众心理研究［M］. 冯克利，译. 北京：中央编译出版社，2014：15.

中，其甚至不会意识到自己的最初目标会在所谓"领袖"意见的诱导下发生方向的转变（注：这种方向的转变可能是由错误到正确，也有可能是由正确到错误）。古斯塔夫·勒庞曾指出大众传媒便是通过以下三个步骤对"群体"施加影响，首先，大众传媒会主动迎合群众的情感；其次，大众传媒在取得群众信任的同时，再悄无声息地充当"领袖"角色；最后，大众传媒通过引导群众情感进入他们所规划的目标之中。在以上三个步骤中，这些个体以为自己在积极实现自身的目标，实际在目标的意识形态方面早已被所谓"领袖"意见占有和利用，"实际个体与意识形态采取的主体立场之间不过是一种'想象关系'。"①

比如，由于近期《扫黑风暴》的热播，使 2003 年在中国大陆首播的电视剧《征服》在 18 年后再度翻红，其中作为《征服》的主角，孙红雷又一次引起了大众的热议，网友根据剧中的一个名场面"刘华强买瓜"，掀起了一波二次创作风潮。在这些创作中，既有创作者从故事层面入手，实现剧情的反转，又有创作者从视觉层面入手，给剧中人物刘华强换上了钢铁侠战衣，真可谓层出不穷，百花齐放。人们在互联网中对《征服》这一片段的改编，既体现出了大众出于娱乐的从众心理，也体现出了约翰·费斯克提出的"社会效忠从属关系"的内涵。

再比如，2019 年 3 月在网络的突然走红的流浪大师"沈巍"，在短时间内吸引了大量抖音、快手及其他各大媒介平台用户的关注。一方面，更多的个体在受到"社会效忠从属关系"的影响后，选择融入"探秘"流浪大师"沈巍"的"队伍"中；另一方面，走红之后的"流浪大师"的正常生活则被完全打乱。与此同时，一些无良视频账号

---

①　[英] 利萨·泰勒，安德鲁·威利斯. 媒介研究：文本、机构与受众 [M]. 北京：北京大学出版社，2004：30.

持有者聚集在流浪大师暂住地，企图通过奇装异服或怪异行为来吸引大众目光，达到在网络中走红的目的。但遗憾的是，理智的缺失使大众完全忘记了道德底线及对社会个体的尊重意识，他们凭借流浪大师"沈巍"的热点来制作"原创"视频，企图对受众进行错误性引导，这种错误的行为是不可取的。

约翰·费斯克曾指出，粉丝或者说媒介中存在"迷"的现象，这种"迷"的现象可以成为大众文化的一部分，"迷"文化使沉浸在其中的或单纯、或掺杂商业企图的受众具有成为潜在生产者的可能。一般情况下，这些"迷"通常会采用以下两种形式达到闯入焦点人物生活的目的，其一，杜撰自己与焦点人物之间具有关联性的身份，并加以包装营销，其二，通过模仿焦点人物的生活方式、穿衣打扮等来实现自己的"迷"生贡献。需要特别指出的是，在网络高度发达的信息时代，以上"迷"文化的两种表现形式可能会更加多见，如果群体处于情感做主导的阶段，那么个体作为群体中的一分子，个体与个体之间极易受到群体思想的暗示并相互传染，甚至会歪曲事实，在哗众取宠的行动中为找到自身存在感而编造群体幻象，再通过群体中"社会效忠从属关系"之间的传播而不断被确认和增强。① 我们此刻再次对比流浪大师"沈巍"在网络中的走红，其妻儿家室的荒唐传言便是在一遍遍的传播中为大众所惊叹，进而进行二次符号意指化传播，在大众享受着这些引导者所带来的精神娱乐的同时，也陷入了营销群体的圈套，而在这整个的网络传播过程中，受害者不仅是沉迷于其中的个体受众，更是无辜的流浪大师本人。

---

① ［法］古斯塔夫·勒庞著. 乌合之众——大众心理研究［M］. 冯克利，译. 北京：中央编译出版社，2014：16-17.

二、符号指称影响下的大众消费意图

1974 年，卡茨在《个人对大众传播的使用》一文中首先提出"使用与满足"理论，他认为人们在使用媒介的过程中，从使用媒介内容、使用媒介本身以及媒介接触时的情景这三方面获得满足。① 以上文所述"年轻的消费群体"对于网络游戏的消费为例，据 2011 年张耀珍和黄卫东对南京邮电大学学生进行的调查发现，大学生对于网络游戏等虚拟商品的充值占比 21% 左右，且以虚拟网络符号消费为主。总体来看，大学生对于使用网络消费占比 55%。除了以上虚拟符号消费的形式，实物网络消费也存在着符号现象，不少大学生在网购时只追求品牌和品位，对实用性和性价比则不太关注。据 2010 年中国青年报社会调查中心一项主要针对青年群体（70 后占 37.4%，80 后占 43.2%）的调查结果显示，80.8% 的被访者表示身边普遍存在符号消费现象，有 51.8% 的被访者坦言有过符号消费经历。② 信息时代，在物质生活水平大幅提高的今天，作为 80 后、90 后的独生子女们已经基本不用再为填饱肚子而操心，但今天丰富的物质生活已不再能满足 80 后、90 后的独生子女们日益增长的精神需要，这是他们在网络消费中热衷于符号消费的主要原因，主要表现为"对各种游戏身份的装扮和装备级别的关注"大大提高。

信息时代，追求符号消费不仅是大学生群体的专属专利，"元媒介"渠道的广泛普及，使得大众有更多的机会接触到各种媒介平台。

---

① 魏小令.微博：碎片化时代的高效整合通道［J］.市场观察，2011（02）：36-37.
② 员宁波，陈淑珍.青年群体网络消费特征及影响［J］.中国青年研究，2015（07）：15-19.

与此同时，商品生产者也因其商业目的转而利用各种媒介平台进行营销。鲍德里亚认为，现代广告具有"象征和幻象"的功能，它通过反复出现以及大规模传播来构建一种虚拟的伪构境（也被称为欲望构境），并不断模糊这种伪构境与现实之间的界限，使大众对其所伪造的话语达到确信状态，从而诱导消费。① 按照符号学家索绪尔（Ferdinand De Saussure）的说法，从理解主体的不同来看，社会大众在接触到经过精美包装获得诱导属性的商品广告时，便产生了消费某种产品以期在过程中获得满足的心理趋向。鲍德里亚在其著作《消费社会》中提出，"消费的逻辑被定义为符号操纵……它是地位和身份的有序编码"②。也就是说，消费符号可以是消费者地位阶层的象征。大众消费的主要目标是广告镜像中所映射出的伪构境，是消费者将自身投射到广告所建构的虚拟环境中时所期待获得的满足感的实现。简单来说，这是消费者欲望的满足。

以星巴克大热一时的"猫爪杯"为例，"猫爪杯"自诞生之初便完美迎合了女性受众的情绪性消费心理，同时结合具体的营销策略，星巴克推出了带有标签符号的"猫爪杯"产品。如"限量款""知名品牌""时尚前沿"等标签符号，引导受众自发通过微信朋友圈、抖音、快手、微博、小红书等"元媒介"平台进行炒作与宣传活动，这些产品满足了潜在受众渴望的"虚荣感""身份感"等符号标识。

我们由星巴克"猫爪杯"营销策略可知，在信息时代背景下，大

① ［法］让·鲍德里亚. 消费社会［M］. 刘成福，全志钢，译. 南京：南京大学出版社，2014：14.
② ［法］让·鲍德里亚. 消费社会［M］. 刘成福，全志钢，译. 南京：南京大学出版社，2014：11.

众的消费需求与商品制造者之间是互相影响共同促进的关系。其一，从大众的消费需求层面来看，大众消费需求的不断提升，也直接的影响到了商品更新换代的频率；其二，从商品制造者层面来看，其通过大众媒介的频繁宣传，甚至通过饥饿营销之法，来暗示消费者对于追求消费对象的时尚价值符号的执着，笔者认为，在消费者执着追求消费对象的时尚价值符号的过程中，可能会因为自身存在不理智的消费行为而忽略产品的使用价值。"时尚的逻辑，就在于一场针对消费对象的'指导性荒废'的游戏，广告中的明星、虚拟场景，都是以他者欲望逻辑'强迫'人们不断购买新的同样会很快'死亡'的时尚之物。"① 星巴克的实体店里也出现了以女性为主要消费群体的消费者，为了达到广告中所营造的伪构境，她们开始疯狂购买"猫爪杯"来获得物质和精神的满足。

三、传播游戏体验下的趣缘群体消费

趣缘，顾名思义，因为兴趣而结成缘分。趣缘群体，即人们因为兴趣爱好相同而结成的社会群体。② 趣缘群体是社会发展的产物，也是人们追求精神生活的结果。这种群体关系建立在共同的兴趣爱好、价值取向的基础上。

美国心理学家威廉·史蒂芬森（William Stephenson）曾如此点评传播媒介："大众传播最好的一点是允许人们沉浸在主观性的游戏中，因为它能使人快乐。"以《恋与制作人》为首的"乙女向"恋爱养成手机游戏为例，根据极光大数据 App 检测平台 2017 年 12 月 15 日至 2018 年

---

① ［法］让·鲍德里亚. 消费社会［M］. 刘成福，全志钢，译. 南京：南京大学出版社，2014：20.

② 罗自文. 网络趣缘群体的基本特征与传播模式研究——基于 6 个典型网络趣缘群体的实证分析［J］. 新闻与传播研究，2013，20（04）：101-111.

1月7日的消息显示，虽然《恋与制作人》上线不足一个月，但其下载量已经达到了710万，每日活跃用户数量200万以上。由此可以推算出游戏的月流水如今差不多到了2亿元到3亿元之间。这是当下最具话题性的爆款游戏，风头甚至盖过了《绝地求生》和《王者荣耀》。作为一款针对女性开发的恋爱模拟类游戏，《恋与制作人》中的女性玩家可以通过角色扮演的方式在虚拟游戏世界中体验另一种人生。她们对游戏虚拟产品和衍生品的消费行为呈现出粉丝消费的狂热性，以此来满足其所谓"少女心"。在这款恋爱养成游戏里，一共有4位"男神"，他们分别是"毒舌的霸道总裁李泽言""深情神秘的科学家许墨""体贴的特警学长白起""帅气小鲜肉明星周棋洛"。《恋与制作人》的开发商为了俘获广大女性玩家的"少女心"，特别设计了短信、朋友圈、电话等功能，玩家可以通过多种形式与"男神"进行互动。事实证明，这确实满足了广大女性玩家所谓"少女心"。

除了以《恋与制作人》为首的"乙女向"手机恋爱养成游戏引起消费格局向"她"的转变之外，在"元媒介"的传播模式下，消费者还可以利用"元媒介"进行原内容的UGC改造，即对已媒介化了的视频、图片进行二次创造，并利用"元媒介"提供的趣缘群体交流平台再次进行传播，传播过程中的意见传达、信息分享、交流互动等行为所带来的参与体验与消费趣味一目了然，趣缘群体以期获得传播的游戏乐趣。

四、小结

彼得斯的名著《对空言说：传播的观念况》中有这样一句话："过

去的元传播一般都消失得无影无踪。"① 从历史的维度来看，"元媒介"是一个动态发展的概念。在信息时代，传统认识世界的方式发生了变化，全新的"元媒介"正逐渐蚕食过去的"元媒介"。在信息时代，得益于互联网信息技术的不断发展，当下"元媒介"的概念较之过去的"元媒介"，其概念得到了前所未有的扩充，它的发展不仅为信息时代文化工业生产者提供了更为快速和便捷的营销渠道，而且大众高度参与的模式将信息时代表层的社交机制上升为社会语境下的个人意见表达，使得大众的文化消费选择有了得以沟通观点和信息交流的平台。在大众评价与分享的影响下，社会的互动与大众的意见为信息时代的人们搭建起了沟通的桥梁。

---

① 宋佳欣. 元媒介视角下新媒体评价分享功能的影响研究 [J]. 文化产业，2021（16）：30-31.

第四章

信息时代新媒体广告信息传播特征及其对动画广告的影响

信息时代，在新传播技术的影响下，广告传播从传统的大众传播媒体逐渐向新媒体平台转移、交融。新媒体时代的到来，致使网络等新兴技术的蓬勃发展不断催生着新媒体传播技术的发展。在此情景下，动画广告设计要顺应新媒体传播技术的发展，让信息传播更加多元化的同时，对动画广告设计中的视觉语言的表达提出了更高的要求。新媒体传播技术中的虚拟化、数字化技术使动画广告设计与新媒体之间产生了相互的连接，既丰富了动画广告设计的表现形式，提升了广告的表现力，又更加满足了广告的新媒体传播需要。

第一节　信息时代新媒体广告信息传播特征

中国互联网信息中心（CNNIC）的相关报告显示，自 1969 年美国的阿帕网（Advanced Research Projects Agency Network，ARPANET）第一期工程投入使用，互联网媒介已经走过了半个世纪。据人民邮电报 2022 年 2 月 28 日报道：截至 2021 年 12 月，我国互联网普及率达 73%，网民总规模达 10.32 亿，比 2020 年同期增长 4296 万。笔者基于对以上报道数据的理解，认为我国目前已进入了互联网时代。随着互联网及相关技术的进步，有机地将信息科学、传播学、语言学、社会学、艺术学、经济学、符号学、图像学等学科融合在一起，将群体进行重新建构，形成移动互联生态体系，人与人之间共享、互动、合作。同时，移动互联网时代将移动化生活、智慧化生活、本地化生活、社会化生活与资源化生活集于一体，协同生产成为常态，改变并重构了广告传播生态，从而推动传播实践与理论的进一步丰富和发展。

一、信息时代的"讯息传达"

随着互联网的不断发展和完善，信息时代互联网传播的触角已延伸至各行各业。在此情形下，产生了一种全新的信息传播环境系统，即基于移动互联网为技术载体的多媒体复合型新媒介——新媒体生态体系与社会传播体系。① 这一传播体系的出现是基于当前互联网的全面发展而言的，其不亚于千年前人类对于纸张的发明与应用，是一种符合当代发展要求的开发体系。

一方面，在媒介演化的过程中，随着智能手机、网络等新媒体设备与技术不断深入拓展到我们的生活领域，传播形态亦发生着改变，突出的特点表现为：由于受到新媒体信息传播的影响，人们在新的维度中信息互换和传播等行为开始不受时空的限制。首先，获取（互换）信息的途径变得更为简单和直接；其次，接收（主动传播）与接受（被动传播）信息的方式逐渐趋于碎片化的快速浅阅读，即受众形成"碎片化"的接受模式；最后，与传统媒体相比，信息时代"媒介即讯息"

---

① 王嘉晨. 新媒体环境下广告二次传播的嬗变 [J]. 新闻世界，2019（12）：60-62.

的观点也受到许多学者的追捧。其中，以智能手机为代表的新媒体终端所传递的信息内容更为多样复杂。智能手机打破了以传统纸媒为代表的传统媒体的壁垒，使诸媒介在信息时代语境下形成了深度融合的立体化网状结构。

另一方面，若以传播学的视角分析新媒体，其特征则可主要概括为以下四点：第一，突破时空限制特征。近年来，由于以 5G 通信技术为代表的移动互联网的快速发展，新媒体信息发布和传播已经突破了传统媒体信息发布的时间与空间限制，具有超越时空局限性的特征；第二，数字化特征。新媒体包含许多不同的类型，其主要是通过对数字压缩技术的应用，随后利用多种传播渠道进行传播。如楼宇电视、网络广播、移动数字电视以及互联网等。向用户提供相应信息，属于一种新型的传播方式；第三，定位准确特征。通过合理利用互联网大数据技术，及时、精确、高效地洞察用户在互联网上的心理偏好特点，最终有针对性地根据用户的心理偏好特点为其准确地提供和发布信息；第四，互动性特征。在线下设置交互传感器、触控器等终端，协助新媒体信息的传播，让社会大众能够参与到信息的传播过程中，从而增强社会大众的体验感与参与感。①

在此形势下，新媒体影视艺术创作应运而生。在这种创作中，创作者与受众的身份发生了显著的变化（甚至是身份互相变换），由单一且固定的稳定状态转变为更加灵活的互通状态。其中，以抖音、腾讯微视、微信小视频为代表的新媒体微视频创作成为主流形态。与此同时，"内容为王是未来传媒变革的最大利器"的观点也受到众多来自业界和

---

① 李岩. 新媒体环境下传统广告创新发展理论与实践［J］. 北京印刷学院学报, 2020,
　 28（11）：17-19, 26.

学界重量级专家学者的追捧。① 他们共同指出了未来微视频创作的竞争方向——信息时代语境下受众对内容的需求居于首位，以 5G 通信技术为代表的移动互联网使得海量的微视频创作呈现爆发式的增长态势，具有传递超大容量信息的能力，其信息传达也呈现出独特性。另外，全新的创作语境使创作者的创作环境更优渥。对原创影视广告来说，获取创作素材的来源更广，表现形式更丰富，受众获取信息的途径也更多样。② 因此，得益于移动互联网技术的迅猛发展，信息时代语境下传统媒体的不断升级与迭代，使新媒体广告在广告营销、广告设计、创意叙事、视觉符号等方面的"讯息传达"均表现出较为显著的传播特征。

二、信息时代新媒体广告传播特征

传统媒体广告一般囿于时空的限制，有传播范围小、不易更改等特点。随着以移动互联网为技术载体的新媒体技术的深入发展，当代社会的传播方式发生了革命性的变革。以 5G 通信技术为代表的"新信息时代"的来临，使得新媒体广告的呈现方式越发丰富多样，但它们都有营销娱乐化、设计互动化、叙事剧情化、符号时代化等新媒体广告信息传播的基本特点。

（一）广告营销娱乐化

在当今以 5G 通信技术为代表的"新信息时代"的语境下，融入了新媒体技术的新媒体广告不仅给当今的广告业带来了新的气息，而且使我国广告资源得到重新盘活。与此同时，相对于传统媒体时代的广告，

---

① 刘佳佳. 从"鲶鱼效应"看微电影对广告的影响［J］. 经济论坛，2011（10）：178-180.

② 刘涛. 大数据思维与电影内容生产的数据化启示［J］. 当代电影，2014（06）：9-14.

新媒体广告还融入了多元化的视觉传达设计艺术，在传播渠道、设计语言、表现手法等层面亦表现出了不同程度的创新性。就传播渠道层面而言，新媒体广告借助不同终端、不同平台等渠道进行精准传播，突破了传统媒体广告单一的传播模式，取得了良好的传播效果；在设计语言层面，为使广告形象生动地呈现给观众，视觉设计者利用数字化影音技术，将音乐、画面等设计元素融入新媒体广告中，使广告形象且具有动感；在表现手法层面，基于终端展示的新媒体广告设计，无论是平面二维还是空间三维，都可以带给观众多种感官的刺激。随着移动网络的迅速发展，新媒体形式不仅在不断变化，还带动了移动视频广告的发展。例如，网络直播作为数字媒体环境下的新型媒体平台，以高度的交互性和参与性，逐渐出现在越来越多的网民视野当中，以满足当前"泛娱乐化"的审美需求。其中，网络直播广告正是基于这种新兴的双向视频娱乐方式而产生的。

对网络直播来说，最重要的便是用户。与以往的传统广告模式相比，网络直播广告独特的表现形式和极强的交互性给年轻人带来了一种"新鲜感"，正迎合当下年轻人爱互动、快节奏的上网习惯。关于广告的创意性营销策略，网络直播广告也可以进行一些大的变革。最主要的一点是，发展出了"明星+品牌整合营销"的新型创意营销策略，明星们拥有庞大的"粉丝"群体，对"粉丝"而言，明星们的衣着打扮、生活方式对于他们具有很强的吸引力；互联网的发展推动了"粉丝"经济的发展，它使明星与"粉丝"的距离更近，网络直播正是利用这一点，让明星担任主播，观众通过与明星进行互动，从而产生"逼真"的错觉，让"粉丝"在心理上认为减少了与偶像的距离。

2016 年，中国女排主教练郎平和她的团队在天猫的直播平台上直播 1 小时。"数据显示，1 小时内点赞量超过两百万，直播间热度高居

不下，由郎平代言的威露士产品销量大增，销售额是平日的近 30
倍"①。同时，威露士趁机推出了郎平的定制产品，这些产品也在现场
直播中作为新产品推出，刚上架就被抢购一空。天猫平台通过这种
"明星+"的直播模式，不仅提升了明星代言产品的销量，而且给平台
带来了巨大的流量，形成了多层次的裂变传播，取得了良好的传播营销
效果。

（二）广告设计互动化

在互联网数字化媒体融合发展的时代背景下，广告视觉设计者看到
了新媒体广告的技术特性，认为其在视觉表达设计层面具有潜在的创意
空间。如人工智能技术、VR 技术、互联网大数据技术都已经被引入信
息时代语境下的广告创作中，实现了人机交互的视觉传播。这不仅可以
提高受众对新媒体广告的认同感，还可以给受众提供更加多维的广告信
息接收体验。另外，互动式传播和营销机制的变革，也深刻地影响着信
息时代语境下的广告创作，这一变革决定了未来的营销模式不再是单一
的、传统的促销方式，而是要真正把消费者带进产品的体验环境中。②
相比传统的广告，观众在感受虚拟现实技术创造的触觉、视觉、听觉等
多种感官审美体验的同时，还可以自主选择和评价广告内容，这打破了
传统广告单向传播的模式。

美国学者梅罗维茨认为，我们亟须一种新的信息行为理论——媒介
场景理论。传统的研究理论已经无法支撑媒介对社会行为影响的阐释。
媒介场景理论强调人作为场景空间中的一分子，在参与信息流动中扮演
着媒介的角色。场景作为未来智能媒介传播的核心力量和重要概念，是

---

① 李燕临. 影视广告［M］. 上海：上海人民出版社，2020：81.
② 卓识，喻仲文. 沉浸式营销下品牌形象设计特征与传播策略研究［J］. 包装工程，
2021，42（02）：217-222.

互联网下半场的关键词。① VR 虚拟现实技术作为智能媒体时代新型的技术产物之一，在影视广告视觉审美和视觉冲击上的感官体验是传统广告媒介无法比拟的。VR 虚拟现实技术的一个显著特性，就是可以通过其交互式、沉浸式体验让消费者深度参与广告，并沉浸在广告情景之中，和虚拟环境中的广告产品进行深度的互动交流，进而促使消费者的购买意识和体验意图。为此，消费者可以通过 VR 虚拟现实技术实现与产品在内容上的互动，进而嵌入广告营造的场景当中，成为广告场景中的一个构成环节。在此过程中，个体为了适应媒介建构的主体角色，会尽量使自己的行为特点与特定的场景保持一致，进而实现从场景到再场景化的传播赋能。以宝马为例，它利用 VR 技术开发了一款全景游戏视频，创造性地采用互动游戏的方式传达产品利益点，用户可以通过 VR 设备感受虚拟驾驶的乐趣，就像在现场一样。

VR 广告相对播放制作精良的广告片而言，可以实现与观众在心理层面的深度互动，观众可以选择在广告中的停留时间。在这种模式下，观众不再是传统广告被动的接受者，而是一名体验者、一名参与者，从而使观众在反复的游戏过程中了解产品想要通过广告传达的信息，有效地提高了广告的视觉传播效果。

（三）创意叙事剧情化

劳拉·里斯（Laura Ries）在《视觉锤》中指出："在视觉时代，抢占消费者心智的最好方法不只是'语言钉子'，还包括使用强力的'视觉钉子'，视觉图像就像一把坚硬的铁锤，能够更精准、更有效、

---

① 臧丽娜. 5G 时代基于"场景新五力"的品牌传播场景构建 [J]. 当代传播，2020（06）：100-103.

更有力地定位，并与消费者产生共鸣。"① 影视广告信息传播主要从内容、情节、品牌形象、产品的功能和特性等角度入手，这就要求创作者在创作之初要对广告商品有一个充分深入的了解，对产品的内在属性与外在基本特性进行深入剖析挖掘，并在后期广告视频传播的过程中，尊重受众审美，抓住受众需求，实现精准化传播和精准化投放，将产品的外在与内在价值都无形地植入广告影片之中。使用生硬的手法将商品贴在影片中，不但会引起观众的反感，而且会使影视广告片的整体叙事混乱，对于受众高效、快速、准确地接受产品品牌文化具有一定的局限性。

可喜的是，近年来移动互联网的迅猛发展，移动式、分片式的阅读方式深刻地改变，乃至颠覆了传统媒体的传播模式和产业形态，在此情形下，大多数企业似乎已意识到故事对品牌营销的重要意义，新媒体广告通过运用润物细无声的创作手法，通过讲述符合产品品牌理念（产品使命、经营思想、行为准则）的故事，最终能够达到吸引消费者（受众）并且建立产品品牌忠诚度的目的，使消费者（受众）在感知故事的过程中自然而然地完成产品品牌信息的植入与接收。② 对许多 90后年轻人来说，他们更希望广告不再生硬，而是成为"故事情节"的一部分。爱奇艺出品的节目《奇葩说》针对品牌广告实行了花式口播的形式，大胆地将广告转变为内容，这成为新媒体广告的一种创新形式。但这也并非品牌选择创新营销的终极形式，品牌基于内容将推出更多新奇的情节、花式玩法，品牌营销的故事情节化将成为一个全新的路径。举例来说，由《奇葩说》衍生出来的另一节目《奇葩的轰趴》就

---

① 沈玲. 视觉传播场域中的新媒体广告特征［J］. 传媒，2020（16）：78-79.
② 王乃琦，刚强. 新媒体时代文创产品叙事模型研究——以故宫文创产品为例［J］. 出版广角，2020（18）：68-70.

是将安利的"安利创业平台"作为剧情内容，通过剧情发展，将品牌于恰当的情节中以最原始的方式呈现出来，从而达到"品牌即内容，内容即营销，营销即用户知识接受"的传播目的。①

（四）视觉符号时代化

在当今以5G通信技术为代表的"新信息时代"语境下，新媒体技术塑造的传统文化形象具有"轻量化"的特点。在网络传播日益丰富的今天，相较以往乏味的说教识记方式，传统文化在"去中心化"的知识传播背景下，对于在一定范围、一段时间内产生的话题会得到社会大众快速、大范围的转发传播，形成一个热点话题。② 近年来，国家先后出台相应的政策及条例对民族优秀传统文化传承这一重大领域提出指导意见，随着人们对民族优秀传统文化的重视，网络上也相应地出现了一系列的文化类节目，如《指尖上的传承》《了不起的匠人》《我在故宫修文物》等。随着这些节目的热播，越来越多的观众主动加入对"民族优秀传统文化"这一话题的讨论中，热点话题自带的舆论热度会不断扩大传播范围，这就为新媒体广告提供了大量的潜在消费者。在文化消费时代，视觉设计者巧妙合理地将传统文化因子融入新媒体广告设计中，能有效提升广告的文化内涵。如何在产品的前期设计以及中期广告宣传环节中，深入挖掘其深层次的文化因子，是业界及学界未来需要重点持续关注的问题。③ 对于这个问题，天猫国际的广告营销为业界及学界提供了一些值得借鉴的经验。

---

① 李燕临. 影视广告 [M]. 上海：上海人民出版社，2020：24.
② 王秀丽. 新媒体视阈下传统文化传播的可视化媒介形象 [J]. 当代传播，2019（05）：103-105.
③ 李卓. 传统文化符号在新媒体广告设计中的运用探索 [J]. 陕西青年职业学院学报，2020（04）：41-44.

　　天猫国际每逢重大节假日都会借势营销，在 2020 年第三届中国国际进博会期间，天猫海淘借助中国海淘先驱张骞、玄奘、郑和等历史名人，以"古人+Vlog 组合"的创新形式，将传统文化里的知名人物与互联网时代流行的 Vlog 相结合。视频中，天猫国际借助新媒体技术跨越现实时空，以"海淘 2000 年，继续新发现"为主题开展相关文化传承活动，集郑和、玄奘、张骞三位当年全网最红的"海淘天团"于一身，烘托出海淘的悠久与深远历史，创造性地表现时间维度的跨度感，具象化地展示海淘方式的延续与传承。

　　对观众来说，视觉设计师通过现代影视艺术的形式，使"传统的生活方式和现代的购物方式"跨越 2000 年的历史长河，并得到了完美的呈现。原来，天猫国际借助现代明星的影响力对海淘文化进行了重新解读，让更多年轻群体关注海淘产品的"古物新颜"，以别样的方式创造性再现了古代"海淘天团"的发现之旅，并最终向受众输出了一种理念：在过去两千年里，中国人一直在探索世界，在追求新的生活方式。

三、小结

　　信息时代下，以 5G 通信技术为代表的移动互联网的迅速发展，使得广告构成了我们生活的"软环境"，无论我们是否接受它，它对现代生活的塑造、现代观念的启蒙，都有着不可替代的重要作用。[①] 信息时代语境下，新媒体广告在内容创作与信息传播过程中所表现出的诸多新特征，既是新媒体广告视觉表达的核心内容，也是其保持核心竞争力的优势所在。需要明确的是，未来的新媒体广告发展仅靠内容和形式的创

---

① 刘建平. 广告美学 ［M］. 陕西：西安交通大学出版社，2019：30.

新是不够的，一种成熟的新媒体广告，不仅要结合实际，注重四个关键点，加强对新媒体广告视觉符号的再理解与创作，还要加强对广告视觉符号的编码与解码，在精准投放、品牌建设、创意营销等方面积极创新，创造富有个性、趣味性和创造性的新媒体广告，最大限度地挖掘其价值空间。

第二节　信息时代新媒体广告传播对动画广告的影响

在新旧媒介融合的背景下，得益于互联网开放与共享的机制，动画艺术拥抱新媒体以新的形式活跃在虚拟文化空间中，被更多的人喜爱。近些年来（尤其在 2020 年以后），动画广告的数量在新媒体平台持续增长。笔者结合学界研究成果，认为新媒体动画广告的概念大概可以归纳为——运用新媒体技术及传播媒介，以动画作为视觉表现形式，广泛而公开地向公众传递信息的一种宣传手段。新媒体动画广告作为广告艺术与动画艺术相结合的产物，带有浓厚的商业、娱乐及宣传的成分，但制作周期与播放时间又比一般动画短。在信息时代，动画广告历经了近百年的发展，种种经典的动画广告在大众传播下已成为一种独特的视觉文化符号，可以说，"新媒体动画广告"已经成为一股势不可挡的视觉文化现象。

一、信息时代动画广告正在形成新的视觉文化潮流

"视觉文化"一词于 1913 年首次出现在匈牙利电影理论家巴拉兹

的著作《电影美学》中。① 回顾人类信息传播的历史不难看出，视觉文化始于人类的视觉经验，即观看的经验，传播媒介的不断变革实现了人类生存与发展的巨大变化。加拿大传播学家麦克卢汉认为：媒介即讯息媒介即人的延伸。正是媒介的不断发展和变迁，使得人类获取了感官上的丰富延伸。例如，口语是对人类语言的延伸，文学与印刷媒介是对人类视觉能力的延伸等。在漫长的媒介发展历史进程中，正是这些不断变化的媒介为人类带来了更加丰富的感官延伸体验。特别是电子媒介与数字媒介的到来，使得视觉文化有效地与听觉文化加以整合，为人类带来了超出以往任何一种媒介所能带来的体验，人类正在从以传统的语言为中心转化为以视觉为中心的文化内涵中。当代视觉文化的主要内涵集中在对于视觉元素的传播与接收，特别是对于信息、影像等因素的传播与观看成了当下文化领域的主导。不容忽视的一点是，我们所指的视觉文化涵盖的范围应该不单纯指的是对于图像的研究，它更强调了一种新型文化形态的形成以及人类思维范式的一种转变。

对能够大量抽离现实生活，制作并提炼出虚拟形象的动画广告而言，在视觉文化的背景下尤其如此，它不仅是一种视觉文化，而且是一种亚文化。尼尔·波兹曼在其著作《童年的消逝》中曾谈道："在儿童成人化之时，成人却也日益儿童化。"② 新媒体动画广告作为文创产业的一个重要分支，其生产无可避免地被裹挟到商业之中，与消费进行紧紧的捆绑，在产业发展的同时势必也将形成新的视觉文化潮流。从尼尔·波兹曼的观点来看，新媒体动画广告的主要受众群体将从儿童扩展

---

① ［匈］贝拉·巴拉兹. 电影美学［M］. 何力，译. 北京：中国电影出版社，2003：20-27.

② ［美］尼尔·波兹曼. 童年的消逝［M］. 吴燕莛，译. 桂林：广西师范大学出版社，2011：254.

到成人，成人群体不仅是这股视觉潮流的消费者和推动者，还是与这场视觉潮流产生互动的参与者。

国外部分优秀的创意 CG 广告短片或以微电影的形式走红网络，或以"病毒视频"的形式席卷全球。如百事可乐影视动画广告，该影视动画广告是用三维技术制作的。冰柜里摆放着各种饮料，随着音乐响起，各种饮料开始舞动起来，跃跃欲试地突显自己。突然，一声巨响发出，音乐戛然停止。此时，呈现在观众面前的是一瓶百事可乐冲出了冰柜，撞碎了冰柜的玻璃，落在了地上。这时音乐又突然响起，冰柜里的伙伴为那瓶勇敢地冲出冰柜的伙伴感到自豪，它们一起欢乐地跳起来。广告时间很短，仅有 31 秒，却给观众留下了比较深刻的印象。

二、信息时代动画广告中的视觉文化传播

（一）视觉文化传播中移植游戏的虚拟化特征

沉浸式广告是基于移动互联网的一种沉浸传播，[①] 动画符号是沉浸广告的视觉表征。近期游戏引擎公司 Unity 推出了面向移动端的游戏广告服务 Unity Ads，Unity Ads 中的游戏广告与各大视频门户网站类似，当用户不是会员的前提下，在观看视频前需要先看一段广告，用户需要通过观看视频广告的方式获取奖励，数据证明这一机制明显增加了用户观看广告的时间。近年来，动画的视觉表征结合游戏的虚拟特性，使得动画视觉文化和游戏的关系变得越来越紧密，它们共同建立了有亲近感的虚拟身份以吸引用户对广告的注意力。

以腾讯 2019 年推出的首款传统文化公益游戏《佳期：团圆》为

---

① 李沁，熊澄宇. 沉浸传播与"第三媒介时代" [J]. 新闻与传播研究，2013，20（02）：34-43，126-127.

例，在视觉技术上，其将教育媒介的领域扩展到了游戏，通过深入浅出的知识传递，很好地回应了社会上的功能诉求，使人们重新认识游戏的作用，游戏的教育属性被社会认可。《佳期：团圆》首发推出春节版本，重点着墨于春节这一中华民族最为隆重的节日庆典，以阖家团圆的美好节日为主题，取材全国各地独特的春节风俗习惯，希望在喜庆的"年味儿"中，以趣味化的玩法引领用户感受传统佳节的文化内涵。

（二）视觉文化传播中推动受众的社交化特征

在当前互联网视觉文化传播的视域下，新媒体动画广告的快速发展，使得身处其中的人们已经成为社交化传播的媒介。据《2018 年微博用户发展报告》表明，截至 2018 年年底，在微博活跃的用户已增至 4.62 亿。其中，关注微博有关动画的用户已达到 2.48 亿，核心兴趣用户达到 3126 万。显然，社交媒体已经成为当代年轻人关注动画的最主要途径之一。与国外相比，我国运用互联网为动画宣传起步较晚。2014 年 12 月，《喜羊羊与灰太狼》系列动画首先以"喜羊羊与灰太狼 CPE"的官方微博进行营销宣传。以《喜羊羊与灰太狼》的官方微博营销为契机，经过近 5 年的发展，至 2019 年，国内已有不少针对动画电影营销宣传开设的微信公众号、微博账号。其中，2019 年年初以动画《小猪佩奇》中的"佩奇"为对象创作的短视频营销《啥是佩奇》，使中国动画真正认识到了社交媒体营销的必要性。纵观国内动画社交化营销方面的发展，大多采用"虚""实"相结合的形式，借助互联网粉丝经济的影响力（"虚"）与互联网实体产品（"实"）联姻，完成了从虚拟形象到公共形象的演化，而推动国内动画社交化营销的主体则是每一个以网络分享、评论等互动形式参与传播的受众。

接下来以《哪吒之魔童降世》为例，归纳信息时代动画广告中视觉文化传播推动受众的社交化特征。在《哪吒之魔童降世》的社交媒体营销中，首先，运用拟人手法通过口头禅、形象特征、手绘海报建立延伸动画角色人设；其次，转发粉丝微博、创建微博话题、组织电影相关活动以加强互动延伸；最后，与其他电影、品牌、软件进行联动扩大影响。最终，《哪吒之魔童降世》通过以上三种社交媒体营销策略，实现了哪吒形象的商业价值，如《哪吒》和拉芳进行了跨界联动，联名定制玻尿酸洗护礼盒。一方面拉芳延伸了哪吒形象的价值，另一方面还让哪吒的"我命由我不由天"的形象延伸于洗护用品上，达到了双赢的效果。

（三）视觉文化传播中借助符号的跨文化特征

纽约大学的心理教育学家杰罗姆·布鲁纳（Jerome Seymour Burner）通过研究发现，视觉传播是人类认识外界、增强记忆的一种有效方式。因此，我们应该更加重视图像作为传播方式的意义。信息时代，人类的生活文化与经济息息相关，很多动画广告可以不借助文化背景，实现观众对图像的辨识和记忆，体现视觉文化符号的跨文化性。也就是说，在信息时代，人们的消费内涵已经从物质层面逐渐升华到了精神层面，我们已经无法将经济和文化这两个层面分开。影视动画广告也不仅仅是单纯的产品宣传活动，任何广告作品，在其体现其广告的经济特征的同时，还体现出了广告的跨文化特征。以鲍德里亚的观点来看，动画符号呈现"超真实"的特点，其所建立的视觉文化王国是在它自身的文化背景下形成的，可以是现实世界中看得见、摸得着的，也可以是脱离现实世界，完全概念化的，即现实世界的"仿像和拟像"。

例如，在德国公益减肥广告《肥版国家地理三部曲》（2013年）中，创作者为观众营造了一幅完全不同于现实世界的场景。片中展示的是非洲大草原上我们熟悉的动物，它们都变成了圆滚滚的胖子，而且是充满了气的胖子，这让观众快速理解片中所呼吁的减肥主题；在澳大利亚墨尔本铁路运输公司 Metro Trains 制作的动画公益广告《蠢蠢的死法》（2013 年）中，极简的动画符号识别性强，使不同文化背景的观众都能准确理解片中表现的情景，受到了大众广泛的好评，而其中文字幕版视频也已获得超过 22 万次的点播。

三、小结

众所周知，任何一次社会的进步与飞越都与科学技术的变革密不可分，特别是在信息时代中，更是结合着各种丰富的前沿技术，开启了当代视觉文化的时代篇章。新媒体动画广告作为有着鲜明识别性的视觉文化符号，借助互联网信息传输技术，在国内外社交网络等新媒体平台上均得到有力传播。当前，随着动画艺术边界的不断拓展，成功的新媒体动画广告案例往往有一些共同点：其一，动画影像具有鲜明的识别性和跨文化的视觉特征，由动画艺术跨文化的内在符码语言形成的视觉体系让观众得以实现跨文化沟通（如墨尔本地铁公益广告动画《蠢蠢的死法》与德国公益减肥广告《肥版国家地理四部曲》）；其二，在动画视觉文化体系下的游戏广告移植了游戏媒介的虚拟性，这一趋势也许将成为未来视频广告的一股新潮流（如腾讯 2019 年推出的首款传统文化公益游戏《佳期：团圆》）；其三，在当今这个"注意力经济"当道的自媒体时代，新媒体动画广告表现出"社交化"特征（如《哪吒之魔童降世》的社交媒体营销），大众将成为视觉文化的编码者和发布者。与此同时，我们也不能忽视存在于社交网络中的动画明星，它们为产品代言的影响力也不容小觑。此外，游戏广告的社交属性也是一个值得研究的议题。

96

第三节 信息时代动画广告的视觉语言表现

动画是一种很有创意的媒介，动画形象与广告结缘已久。早在百年以前就已经诞生了为产品代言的虚拟动画人物，企业主从那时起就已经开始有意识地运用动画形象来充当其产品的形象代言人，这是动画广告经济特性的一种重要表现。近年来，企业为使其产品尽早在消费者心中占据一席之地，通过精心设计和执行良好的动画广告视觉语言有效影响消费者或引导消费者，使其在产品的推销、竞标等阶段拔得头筹。笔者经过网络调研，通过观看多部动画广告与实拍广告，认为动画视觉语言与生俱来的夸张性、假定性以及拟人化，可以将产品规格和功能可视化，轻松传达复杂的概念，使观众对产品产生浓厚的兴趣而更有可能购买该产品或服务。

一、虚实相生的假定性

"假定性"来自俄文，通常认为这一概念源自戏剧界。动画学界对该词的使用和论述已经有了颇为悠久的历史，其作为中国动画理论史上举足轻重的词汇之一，反复出现在动画创作者与学者们的话语中。[①] 以动画创作为例，经典的动画作品中皆表现出此种特点，《功夫熊猫》中"不可思议"的师承关系是典型的假定关系；《千与千寻》中"不可逆转"的时空关系是经典的假定环境；《猫和老鼠》中"不可调和"的矛盾关系是明显的假定事件，这些脱胎于现实生活中，但又超越现实生活

---

① 刘书亮. 重访动画影像的"假定性"[J]. 当代电影，2020（02）：86-89.

的人物、环境和事件，带给观看者的感受是自然的、可以被接受的。尽管观看者在观看动画之初有些突兀，但随后随着剧情的慢慢延展，观看者可以逐渐地沉浸于高度假定性的动画语言中。而对于动画和现实的背离，观看者凭借动画审美的潜意识的渗透便可以迎刃而解。换句通俗的话来说：假定的前提条件是依据事实为原型，是在事实的基础上的夸张。观看者获得情感体验的审美基础依然来自现实，并没有脱离现实。在虚拟所架构的艺术空间中，仅仅是事件取自现实世界。其他如涉及的人物、环境等都通过动画的形式采取最大化的同构异质，最大限度地释放想象力。至此，我们可总结出，尽管许多动画作品展现出来的故事让人叹为观止，其中充满了创作者为其精心设计的具有假定性的艺术效果，但是动画作品本身表现的内涵和哲理是在现实生活中能够真实感受到的，能够与观看者现实生活中的经历和情感产生共鸣，从而让人久久不能忘却。

对广告而言，传统实拍的视频广告非常善于利用视频语言的特性来塑造情境，这种情境从现实生活中而来却又不同于真实环境。视频广告努力地在真实环境与再现情景之间拟定一种假设关系，并使用各种视频广告所拥有的艺术修辞手段将这种假设关系让广告受众去接受与认可。这种手段通常都会被描述成产品的某种功能或效果，当消费者在广告的劝诱下购买该产品并使用后，未能达到理想的效果时，他们就会把宣传产品的种种手段都认定为仅仅是一次完美的艺术夸张而已。当这些手段被大量复制后应用于其他产品的拍摄时，就势必会引起消费者的强烈抵制和反感，这种艺术表现与现实反差之的矛盾是不可调和的。然而当动画广告应用此艺术技法时，动画本身独有的虚拟特性在潜意识中发挥了决定性的作用，它会提前告知消费者这本身就是一个动画假设，因此，消费者并不会带有很大的抵触心理。那些夸张的广告信息在动画广告的情境中反而会被认为是动画广告的必要因素，从而使消费者在潜移默化的情况下更好地接受了广告所要传达的信息。

保险公司常将"月有阴晴圆缺，人有旦夕祸福"（《水调歌头·明月几时有》，苏轼）挂在口边，经笔者对历年来保险公司广告创意的调研，发现其大多采用放大灾祸后果或者打情感牌使人们脊背发凉的做法来宣传自己的产品，而 Sonnet Insurance 保险公司摒弃了这种老套的做法，打开了保险广告新的宣传方式。在其动画广告中，故事的主角被设定为一只蓝气球，它意外与气球大部队失散了，孤独一"球"在城市中随处飘荡，在此期间这只蓝气球经历了数个惊险时刻，但经过创作者巧妙地设计，使得这只蓝色的气球躲过了一个个致命的时刻。经过观看 Sonnet Insurance 保险公司的动画广告，我们可知创作者实际上是依靠角色的表演与小关卡来制造各种偶然的巧合，通过营造喜剧效果，让观众觉得这只蓝气球既可爱又刺激。创作者借助假定性提炼现实生活，同时描绘着另一个虚拟世界，完美诠释了 Sonnet Insurance 保险公司"能发生的最好的事情是什么呢"的企业理念，面对悲观情况下常常会出现意外情况，引导消费者换个角度问自己。从积极幸运的方面思考，自然就获得了消费者的青睐。

二、迁想妙得的拟人化

纵观动画百年发展史，经典动画角色（如孙悟空、米老鼠、唐老鸭）都有一个共同的特征，那就是拟人化，它们常常被广大艺术创作者以及观众关注，因而获得了巨大的生命力。拟人化意味着"使非人对象具有人的特征、状态和心理"，拟人化成为角色设计时的重要设计手法。同时，凭借其独特的优势——"人"与"被拟对象"共有属性可象征特别含义，不仅使动画角色达到生动形象的目的，更使整个动画的艺术鉴赏价值得到了提高。①

就动画艺术而言，其角色设计与电影中的演员角色设计存在明显的不同。在动画角色设计中，动画中的角色不仅可以将现实世界中真实人物进行卡通拟人化表现，还可将现实世界中存在的事物（如日常物品、动物等）与现实世界中不存在的事物（如想象的怪物、神话人物、抽象事物等）进行卡通拟人化表现。由此可见，在动画艺术中，可被用于拟人化的角色风格迥异且种类繁多，但最重要的元素是不容忽视的——"被拟对象的属性"及"人的属性"。因此，被拟人化的动画角色不仅具有被拟对象的相关原型特征，还具有人的外部形象、神态动作和思维等方面的特征。然而，在不同国家，动画角色拟人化的种类与特征都不尽相同。② 我们以欧美国家动画角色与日本角色的拟人化设计为例，在相同的"细胞"题材下，美国与日本的动画角色在拟人化设计中存在较大差异，美国的动画电影《终极细胞战》保留主要角色"细胞"真实的细胞原型、身材比例与皮肤颜色等主要特征，主角是蓝色皮肤的白细胞奥兹，其整体造型简洁概括，虽同样与警察一样身穿警服，但其身上并没有过多的口袋装饰及衣褶等细节；而日本的《工作细胞》在标准的帅哥靓女体型基础上，利用服装及颜色的不同表现细胞功能的差异。

因此，我们从美国与日本的动画角色在拟人化设计上的差异出发，分析动画广告中的拟人化设计。如吉百利与奥利奥新品合拍的商业动画广告《饼干和巧克力的故事》，创作者在短片中利用两种食品标志性的

---

① 许丽颖，喻丰，邬家骅，等. 拟人化：从"它"到"他" [J]. 心理科学进展，2017，25（11）：1942-1954.

② 王诗莹. 浅析拟人化手法在动画角色设计中的表现 [J]. 艺术教育，2020（02）：142-145.

造型，将陪伴欧美家庭长大的两种可口零食（吉百利巧克力与奥利奥饼干）做拟人化设计，在动画广告中，两"人"一见如故。通过动画广告短片广大消费者对于两个品牌的认知从"它"变成"他"或"她"，短片的创作者运用拟人化的设计手段，从心理上拉近了广大消费者与产品的距离，为接下来的购买行为赋予了积极意义，不仅提升了广大消费者对两个品牌的友好度，而且还拉近了广大消费者与两个品牌的距离。本部商业动画广告短片由 Buck´s Sydney 执导，众多艺术家的参与也让整个创作过程充满了"Yum"和"Fun"的氛围，尤其是创作者在片中运用了时下流行的 Emoji 表情，向广大消费者传达出一种年轻化的生活方式、生活理念，充分迎合了年轻群体的审美偏好。

三、逐新趣异的夸张性

以动画造型为例，不同国家的动画造型的夸张性表现是一种高度的艺术概括过程。比如，在日本动画的发展中，绝大多数角色造型设计沿袭了手冢治虫与宫崎骏的风格，作品中人物的五官越来越精致耐看，眼睛甚至夸张到了脸的二分之一大小，日本早期的动画角色造型是以高度夸张概括的手法进行塑造的。尽管不同国家的动画造型的夸张性表现略有不同，但通常对动画造型的夸张性表现方法可以分别从角色的头部、身体比例与服饰等方面根据前期设定分别进行表现。除此之外，创作者还可根据剧情的需要，从角色的表演与故事情节方面着手表现其夸张性。

就动画广告而言，造型夸张是指创作者为了吸引受众产生强烈的求知欲与好奇心，将视觉形象通过夸张变形等方法将不寻常的形象呈现出来，使受众在心理上产生刹那间的惊奇。创作者通常以现实生活中某个单一人物或某种形象为原型，通过艺术的创作手法，对动画广告中角色的内在性格与外观气质的夸张塑造，重点突出其个性化和典型化特征，给观众带来视觉上的冲击。

通常情况下，动画广告不似动画电影那样有着完整的剧情，受到动画广告时长的限制，动画角色在很多情况下没有台词，为了使观者更清晰明了地知道广告中要传达的内容，只有通过简练夸张的动作表演来传达信息，所呈现的戏剧化效果也进一步增强了商业广告的感染力。以现在主流的商业动画广告为例，创作者通常突破常规的束缚，以创造性思维为指导，借助匪夷所思的设定与曲折的情节，为观众打造出形态多变的视觉体验。由此可见，以创造性思维为指导进行商业动画广告的创作，不仅能将商业广告的思想理念准确有效地传达给观众，而且还可以实现商业广告创意独特的艺术魅力。另外，值得加以重视的是，夸张情节的预设不应为了追求离奇、刺激的视觉效果，而盲目夸张地打造杂乱无章的画面，不仅不能衬托出广告的主题，反而还会给观众带来迷幻之感。

例如，荷兰创意公司 Studio Smack 专门为可口可乐公司定制了一部名为 *Branded Dreams* 的动画视频广告，创造出了一种将广告带入梦境的营销手段。在这部动画广告中，动画师基于对生活细致入微的观察和真实自然的表现力，将其动画场景和角色造型设计的极其夸张，甚至有点诡异和恐怖，但理念是十分新颖的。创作者在片中为观众营造了一个奇幻的梦境，其中瓢虫、苹果、蝴蝶被可口可乐罩上了其独特的经典红白色，鹿和甲虫头上顶着开瓶器，蟾蜍的背上还被打上了可口可乐的标志，甚至连蜘蛛网都是可口可乐弧形瓶身的样子，创作者将可口可乐产品形象的某些典型特点合理夸张地依附在人们熟悉的事物上，在造型的夸张中调剂其中离奇荒诞的微妙关系，又通过情节性的夸张传达出一种紧扣广告主旨的合理性，整个动画广告画面效果醒目、相得益彰、冲击力强，使观众直观地感受到产品或品牌的存在，令人过目不忘，精准地向观众传达出可口可乐公司"当可口可乐走进你的梦境，你的梦会是什么样子"的理念。

第五章

信息时代基于泛娱乐视角的动画广告
交互体验与创意策略

信息时代新媒体广告在广告营销、广告设计、创意叙事、视觉符号等方面的"讯息传达"均表现出较为显著的传播特征，同时，也引发了广告主体的日趋多元化。销售商品已不再是当下广告的唯一目的，那些被认为是现代性基本内容的个人价值、张扬人性和主体性等意义在新媒体广告传播中得到了充分的反映。同时，信息时代数字技术的发展也对动画广告的创意表现与传播方式提出了更高的要求，受众获取信息的碎片化趋势对动画广告行业也产生了巨大的影响。因此，制定合理的动画广告交互体验与创意设计策略，对于提升企业品牌形象、强化受众品牌意识、提高受众的黏性至关重要。

第一节　信息时代基于泛娱乐视角的动画广告传播特点

随着社会的飞速发展，产品竞争和品牌较量已经渗透到社会生活中的方方面面。在动画广告领域，其传播媒介不仅具有一般媒介的属性，也有其自身的显著特点。广告媒介是动画广告传播的载体，是广告信息与受众之间沟通交流的重要桥梁，其必备条件在于创意的实效性、内容的持久性，以及受众的参与性。为了有效地达到理想中的宣传效果，不能忽略对典型传播媒介的重视。

一、动画广告的实效性

动画广告创意的实效性原则，就是要求商家尽可能在新颖性与可理解性之间寻找到最佳结合点，同时运用巧妙的创意与消费者进行沟通，通过广告活动以达到预期的广告目的，并取得实实在在的社会效益与经济效益。需要注意的是，哗众取宠或耸人听闻的动画广告，违背了开拓市场、销售产品广告创意的有效性原则。

除了动画广告的实效性特点，动画广告还具有创意的独创性特点，所谓独创性原则是指在广告创意中不因循守旧、墨守成规，而是勇于标新立异、独树一帜。独创性的动画广告创意具有最大强度的心理突破效果，能够在短短几十秒内吸引消费者。与众不同的新奇感能引起消费者的强烈兴趣，并能给消费者留下深刻印象，这种心理过程也符合动画广告所传达的心理阶梯的目标。

动画广告通过创意表达能够达到促销的目的，这决定了广告信息的传达效率。这就是广告的实效性，在进行广告创意时，需要在新颖性与可理解性之间寻找到最佳结合点。动画广告的一大优势是它可以消解消费者对于夸张而产生的疑惑，可以延长动画广告的实效性，因为它其中所包含的色彩元素和人物形象在动画中都具有一定的预设性，消费者不会对广告中的虚拟产生排斥，消费者对于陌生化而产生的记忆会更好。所以，动画广告实效性相比一般广告长。

二、动画广告的持久性

广告的持久性和它自身的特点有着很大的关联，一个广告的内核和思想是它能否传播长久的关键所在。动画广告更是如此，在更新换代速度极快的今天，流行元素的日新月异使得广告也要跟随着它的脚步前行才能站稳立脚。

例如，日本日清食品的广告，以动画剧情的形式来展现它们的产品并推出了不同的版本来吸引各阶层人们的眼球，如"魔女宅急便篇""海蒂篇"，等等。每一个篇幅都讲了彼此相关却又带着各自特点的故事，通过一个个温馨的情感故事来传达其企业的思想文化和产品特色，为观众及顾客留下了深刻的印象。

动画的品牌创建必须要有长远的眼光和持久的策略，品牌的培育必须耐得住寂寞，品牌的包装必须建立在充实的内容之上，品牌的运营要有坚定的理念支撑，品牌的传播要有高度的社会责任感和专业规范，去引导观众提高艺术品位。这几点都是各行各业的动画广告成功案例给我们带来的启发，也是我国动画企业发展需要认真思考的问题。

三、动画广告的参与性

了解动画广告自身的特点和风格才能清楚动画广告适合的范围和受众。动画广告中的动画适用于各个年龄阶段，每个人都是长大成人的孩子，都有一种童趣。因此，观众总是喜欢新鲜又有趣的事物。只有让观众感到认同，看到广告后感同身受，这个广告的内涵才能发挥最大功效。

动画广告的参与性包含制作人员与受众。前者要根据自己的体验代入、设计剧情并制作动画；后者要看到广告感同身受。动画广告的参与性正是从这两点出发并最终以这两点结束的。

制作人员的参与是复杂的，创作团队中的每一个人都担任不同的角色，甚至一人多角，既要创造出新意又要"接地气"，以观众的角度来看广告是否贴心、是否能打动人心。例如，滴滴代驾推出的 Flash 动画广告《天宫众神赴宴记》，广告内容分别从不同天宫神仙角色的角度来描述他们平日里的烦恼，以"烦恼"为主题引入滴滴代驾，既强调了主广告商的目的，又带来了新颖的视觉乐趣，这款广告因为"接地气"，从而给人们留下了深刻印象。

从受众的参与角度出发，动画广告要达到切实性和可行性，既要感同身受又要引起共鸣，引发消费冲动。例如，日本方便面品牌日清与《魔女宅急便》《阿尔卑斯山的少女海蒂》《海螺小姐》等著名动画角色跨界合作的一系列动画广告，唤起人们的童年记忆，从而引发消费冲动；同样，联合利华品牌旗下的旁氏洗面奶和国产大热 IP 动漫《全职高手》合作，带动不同年龄的消费群体进行消费，以动画粉丝为主体，从而引起消费欲望。

与真人实拍广告相比，动画广告在世界观、表现手法、表演技巧等方面，都具有独特的优势。它既不需要拍摄布景的费用，也无须支付一大笔明星演出费。无论要画什么样的舞台、多少出场者角色，也只需付一笔制作动画的费用。动画广告既能大大压缩成本，又具有极高的自由度。因此，这些实属动画广告在广告界的一大不可忽视的优势，动画广告能够得到企业的青睐，也是理所当然的了。

第二节　信息时代动画广告面临的新挑战

马歇尔·麦克卢汉曾提出"媒介即讯息"的观点，动画广告以其广泛的社会接受度，与其所蕴含的多种广告形式、广告内容的呈现手段与广告所要展示的最新产品等方面多重复合体现，深刻诠释了新媒体广告对新型社会文化的表现与引领。

一、传播维度的拓展

信息时代，在以互联网为基础的新媒体技术的作用下，随着各类自媒体、交流平台和社区的出现，信息的传播较之前信息时代有了较大的变化，其不仅打破了时间与空间限制，变得更加方便和快捷，而且亦能使用户在接入互联网的基础上，帮助用户获取更多的信息资源。在此情形下，广告传播的侧重点也相应地发生了巨大变化，前信息时代的广告传播更多关注产品自身的诉求，但进入信息时代以来，随着社会生产力的不断提升，产品的同质化程度也变得非常高，对消费者而言，虽然面临的选择更加广了，但不可否认的是消费者要花费更多的时间来挑选产品，大大降低了购物的效率，在此情形下，笔者认为，如何能够更加有效地提升消费者的购物效率，则是信息时代广告需要面临的一个不可避免的问题，因为，前信息时代背景下的传统广告传播方式在信息时代越来越难以触动消费者的内心，相反消费者更乐于在特定的场景里获取产品信息。与此同时，新媒体平台信息资源的呈现方式也逐渐呈多元化特点，能促进视频、音频、文字的融合。

信息时代，受众会在社交平台上频繁地分享产品消费过程。例如，采取发朋友圈、微博等形式使品牌效应能够快速形成。动画广告具有数字媒体表现、正向交互反馈、创意展现等特点，对于打造个性化的品牌形象、提升品牌价值方面具有一定的优势，能更加精准地诠释受众的心理诉求。

二、受众话语权的提升

信息时代，移动端社交类 App 的出现，使受众获取信息的渠道更为多样化，也拓宽了受众的视野，使受众由信息接收者向话题制造者、信息传播者角色转变。"互联网+"为大众提供了广阔的社交空间，新媒体取代传统媒体的位置，成为受众交流和发表意见的平台。在现今的社交平台上，用户拥有一定的话语权，他们积极参与大众传播，主动塑造未来的生活方式。在这个过程中，用户对于产品的使用感受与体验成为影响产品信息传播的重要因素。因此，在信息时代受众话语权提升的大背景下，如何通过产品的交互体验与动画广告的创意设计让受众与企业之间开展深度互动，主动参与产品信息的传播，是信息时代动画广告面临的新挑战。我们还应重视的是，信息时代的动画广告不能仅仅以传统的传播方式宣传产品，而应借助"互联网+动画艺术+数字技术"的新形式，通过多媒介嵌入的方式实现受众、动画广告和企业产品三方的交互。

第三节　信息时代动画广告的交互体验

信息时代，随着数字技术的发展、媒介形式的日益丰富和受众审美意识的提高，单纯的用户行为反馈对于"满足受众深层次体验广告信息的需求"稍显不足。① 在此情形下，动画广告应在交互形式与交互手段上大胆创新，借助动画特效与数字技术打造可提供多重感官沉浸体验、具有情景互动特点的交互模式，满足受众需求，让受众通过碎片化阅读的方式加深对品牌的印象，强化受众的品牌认同感。

一、主动分享交互，多级传播信息

优质的互动体验广告能引导受众主动参与传播的过程，并主动与他人分享广告所要传达的信息，通过"互动-参与-分享"式的传播模式，广告所要传达的信息可以最大限度地覆盖更广的受众群体。比如，人民日报客户端推出的 H5 动画《快看呐，这是我的军装照》，就是遵循"互动-参与-分享"式的传播模式传达信息。首先，受众可以用微信扫描二维码进入动画小程序，上传自己的照片；其次，受众通过系统预设程序合成军装照，并分享到微信朋友圈；最后，微信朋友圈的用户也可以扫描二维码并参与到游戏中，以此循环，达到尽可能扩大受众群体的目的。这款人民日报客户端推出的 H5 动画一经推出就深受大众欢迎，迅速火遍互联网，在人民日报客户端的日点击率高达 5 亿人次。笔者认为，很多动画广告也可以采取这种"互动-参与-分享"式的传播方式，即通过有趣的动画引导受众主动参与到过程中，完成第一次交互，然后受众通过微信朋友圈分享动画及照片，完成第二次交互。企业在借助新媒体平台开展多元化的动画广告主题活动时，需要受众广泛地参与其中，企业通过与受众之间的互动，从而增强动画广告产品传播力度，例如，企业可在微信平台、快手或抖音平台中开展多元化的动画广告主题活动，通过打造动画广告公众号及短视频的形式促进动画广告更加广泛

---

① 刘文沛，庄宜伦. 互动广告创意与设计［M］. 北京：中国轻工业出版社，2007：89-94.

地传播，通过动画广告传递产品信息，拓宽动画广告的受众群体。

在信息时代，动画广告通过独特而有趣的交互手段，最终实现了传统广告无法比拟的多层次传播。

二、精准化场景交互，刺激产品消费

信息时代，广告可以说是无处不在的，而且玩出了很多花样，在此情形下，受众不再通过单一的渠道了解产品信息，传统广告已经不能满足信息时代产品营销的差异化与个性化要求。因此，精准化场景交互成为现代广告营销中实现产品信息有效传达的新手段。这时就需要创造合适的传播契机，构建相应的广告场景，借助场景中的记忆体验激发受众的潜在需求，可以使产品营销取得事半功倍的效果。

随着各类移动智能终端设备的普及，基于用户需求，在合适的场景中为用户打造个性化的动画广告，成为刺激产品消费的核心推动力之一。如加拿大一家广告公司在公共厕所里播放影视动画广告，该公司设计了一种 17 英寸，名为"影画板"的超薄型电脑荧屏，并且将它挂在了商场洗手间的墙上。只要有顾客接近"影画板"的荧屏，荧屏上就会自动播放一段影视动画广告，广告公司利用特定场景中人的碎片时间来实现广告传播的目的。此款"影画板"超薄型电脑荧屏的运作模式是：当红外探测器检测到有人接近时，隐藏在电脑中的小扩音器就会发出声音，然后开始声画并茂地展示广告，每次向卫生间的使用者推销时间可达 45 秒钟。从这个例子来看，影视动画广告在社会中起着举足轻重的作用：一方面，动画广告公司多了合资的对象；另一方面，为经营者推广产品，让更多的人了解产品，不仅娱乐了大众，还为经营者带来了更多的消费者。社会的发展进步使广告成为产品宣传的必要手段之一，广告表现手段的多样化也使广告表现创意增多。影视动画广告以它

自身简洁、明快、幽默、诙谐的特点在当今的广告中得到发展，受到商品营销者的青睐。

例如，丰田的动画广告创意作品，以三维空间为导向，画面整体视觉呈现出运动的效果，视觉语言表现得更为写实，较为符合信息时代动画广告的传播模式。相比二维动画广告，三维动画广告以高清写实的三维动画为基础，借力三维建模技术，在产品创意中较为追求画面的逼真效果，创作者从丰田的产品细节着手，运用三维动画广告的形式生动、全面地展示了丰田产品的主体物，创作者在动画广告中主要将丰田产品的主体物进行了逼真还原，以生动逼真的三维动画广告高度再现了产品细节，进而使动画广告体现产品内在的意境氛围。在信息时代正是这些技术优势的存在，动画广告的视觉效应得到了更好的呈现，使得产品细节在动画广告中被展现得淋漓尽致，达到吸引更多受众关注的目的。

三、沉浸式交互，强化受众对品牌的感知

在信息时代背景下，传统静态、单一媒介的品牌设计已难以脱颖而出，为更好地发挥品牌传播效果，品牌设计开始出现沉浸式与多维立体式的发展趋势。沉浸式交互是深度挖掘受众需求，让受众通过亲身参与其中，以全新方式（挑战与技能实践）沉浸式感知品牌，对产品信息形成正面认知，从而激发受众深层次情感体验的过程。①

随着互联网与科技的飞速发展，在作为 VR 元年的 2016 年，虚拟现实技术被逐渐应用于众多领域和行业中，开始呈现井喷式发展。其中，"VR+广告"相结合的形式突破了传统广告单向传递信息、无法与消费者有效互动等问题，开始逐渐出现在各大品牌的宣传与人们的生活

---

① 王靖杰. 数字化品牌运营：实战攻略+案例分析+方法技巧［M］. 北京：人民邮电出版社，2018：78-82.

中，其强烈的视觉感官刺激与互动体验使得"VR+广告"相结合的形式备受人们青睐，为人们接收信息提供了全新的体验方式。注重用户体验是广告传播过程中非常关键的要素，"VR+广告"的结合融合了互联网、信息传感、虚拟现实等较为前沿的技术，创作者通过技术手段营造虚拟的场景给用户带来沉浸式的互动体验，从而达到宣传产品或者服务信息的传播效果，但切记在这个过程中重技术而轻内容，因为如果创作者将所有创意和设计都放在对于新技术的展示上，那么再等到受众体验完毕之后，很可能因为失去新鲜感而丧失对于品牌及其产品信息的关注。近年来，业界出现了很多优秀的"VR+广告"相结合的形式，收获了意想不到的传播效果。

比如，在可口可乐圣诞节广告与麦当劳"手牵手一起走"沉浸式交互体验活动中，设计者均借助计算机软件、移动智能设备或专用数字设备等，全方位呈现广告内容，给受众提供了身临其境的体验。在可口可乐的圣诞节广告中，广告设计者利用三维动画和虚拟现实技术将可口可乐广告植入欢乐的圣诞情景中去，为观众打造了一场虚拟雪橇之旅，受众可以通过 Oculus Rift 头显设备像圣诞老人那样驾驶雪橇车穿越波兰，参观沿途的各处村庄，扮演圣诞老人，体验他的一天；在麦当劳"手牵手一起走"沉浸式交互体验活动中，广告设计者运用三维动画和虚拟现实技术，向受众展示麦当劳套餐中的食物从小麦播种到食品制作的全过程，受众则可以通过数字头显设备，真切地感受到麦当劳对待食品安全的高标准与高要求。通过这种方式，不仅加深了受众对品牌的印象，而且增强了受众对于品牌的黏度。

比如，耐克公司为了宣传新一代 Nike Free 跑鞋，推出了一个互动式的投影装置。这个交互式投影装置采用了 Auxetic Sole 技术，创作者通过模拟一种"碰撞时会自动膨胀及收缩的结构"，打造了这款可以用触觉的方式来进行交互的产品。其工作原理就是：设计者利用交互式网格组成一面形象背景墙，通过视觉编程、交互式声音系统、背光投影及深度跟踪等技术共同开发完成了这样一个互动体验装置。体验者通过触摸相应屏幕与交互式投影耦合技术，来模拟 Auxetic Sole 技术的灵活性。多个用户可以同时在幕布上进行交互，用户会感受到不同的图样变化及声音的反馈。

第四节　信息时代动画广告的创意策略

尽管创新的交互形式能带给受众更强烈的感官体验，但动画广告如果仅注重这种外在形式的表现及体验，就难以给受众留下深刻的印象，对于产品长期健康发展可能也会存在着一定的不利因素。[①] 因此，在创新动画广告内容方面，创作者须加以努力，让动画广告内容契合时代主题与产品主题，并充分考虑广告内容要素、视觉体验与交互行为的结合，才能打造优质的动画广告作品，进而树立个性鲜明的产品品牌形象。

一、以数字技术营造虚实相生的动画广告意境之美

目前学界在传媒领域的驯化理论研究中，学者们主要沿着"技术取向"与"传媒取向"这两种路径开展相关研究。在技术取向方面，其主要目的是利用驯化理论改进技术；在传媒取向方面，其主要目的是

---

① ［瑞典］托马斯·迦得. 品牌化思维：引爆用户购买力的十五大品牌逻辑［M］. 王晓敏，胡远航，译. 北京：中国友谊出版社，2018：45-47.

分析传媒给各个时代的人与社会带来的改变。① 信息时代，随着大数据、虚拟现实（VR）、增强现实（AR）、边缘智能、语义识别等新技术在广告领域的应用与渗透，对日渐落寞的传统广告业来说，无疑是一个难得的提升品牌传播效应、促进广告形式革新的机遇，数字媒介技术和人工智能技术对广告创意、广告制作以及消费者的认知体验等分别产生了巨大的影响力，对于增强用户黏性、传播产品与品牌信息起到了有利的助推作用，这一系列新的改变使得整个广告创意行业的边界和形态发生了重构。可以说，广告创意及数字技术在目的与内在逻辑层面具有本质的区别。其一，就商业广告而言，其创意旨在通过独特的技术手法体现产品特性和品牌内涵，达到促进产品销售的目的。不可否认的是，良好的广告创意可以改变消费者的态度，是降低消费阻力、促进消费行为的有效因素，其内在逻辑是人的感性逻辑和情感逻辑；其二，就广告而言，数字技术的发展所要解决的主要问题是如何以最灵活、最方便、最快捷、最经济的手段和方法去提高信息生产与传播问题，即实践应用层面上的效率问题，其内在的逻辑是技术理性或工具理性。

在广告创意中，虚实相生不仅可以客观地展示品牌形象，而且还可以使受众通过数字化技术对品牌产生合理的联想，从而营造出一种虚实相生、情景融合的意境，为受众营造美好体验的过程。比如，菲亚特品牌汽车广告《梦无界》，采用了三维动画技术与二维平面构成形式相结合的表现方式，展现了菲亚特 500 的设计理念和过程。其汽车广告中的背景采用了二维数字动画的形式，利用平面构成元素形成背景图案。主角——菲亚特 500 则采用了三维数字动画的表现形式，通过菲亚特 500

---

① 费中正. 作为技术商品、符号环境和特殊文本的传媒——斯弗斯通的驯化理论探析 [J]. 理论月刊，2011（11）：59-63.

在片中的一系行驶飞驰的镜头展现，生动地表现出这款汽车的"孕育"过程。全片的视觉效果流畅自然，整部广告的表现手法细腻而精美，简单的色彩与图案投影变化，赋予了这部动画广告短片更多的时代感，最终展现了良好的品牌传播效果。

二、用户参与创意实现动画广告数字化协同创新

新媒体环境下广告中的人物身份日益多元化，趋于平民化与草根性。海马云大数据发布的 2018 年的抖音研究数据显示，"纯素人"即平民、普通人在头部用户数量中占比达 49.1%，很多普通人参与广告的策划与制作，同时作为广告视频中的主角亮相。[①]

如果说大众传播时代的品牌广告是广告创意人精心雕琢的雕像，那么信息时代的品牌动画广告则犹如未完成的画卷。这些未完成的画卷需要受众参与，可以说，动画广告内容的构建与传播不是由品牌方或广告公司单独完成的。信息时代的动画广告创意，往往是品牌、广告公司和用户多方参与的协同创新成果。[②] 因此，信息时代，品牌方与受众通过交互反馈的方式完成信息的传播与接收，设计师在设计动画广告时要给受众留下假想空间，要巧妙地引导受众成为品牌构建的生力军，并参与品牌的广告创意与传播，表达他们的真实想法和感受，最终与品牌方和广告公司共同完成对品牌的构建。2014 年，沃尔沃利用谷歌 Cardboard 推出了新车 XC90 VR 体验广告，只需把手机放置在简单组装的谷歌 Cardboard 眼镜上，受众就可以全方位感受该款车的内饰、材质、配色

---

① 季丽莉，郭晓丽. 新媒体背景下广告的社会文化意义 [J]. 山东理工大学学报（社会科学版），2019，35（05）：54-60.

② [美] 邦尼·L. 朱丽安妮，A. 杰尔姆·朱勒. 广告创意战略（第九版）[M]. 杭虹利，等译. 上海：复旦大学出版社，2011：58-64.

等，还可以模拟驾驶上路，感受方向盘、音响等功能。由于受众被视觉上的极致体验吸引，可以更好地了解产品，从而获得全面的观赏体验，促进了广告传播的效果。

三、跨界融合构建动画广告个性化的品牌内容

在传统媒体时代，广告立场是精英式的，主角也大都是现实中的明星、名人、专家与各行业精英，普遍采用一种"锤子加钉子"式的方式，借助相对稀缺的媒体资源，在体制预设好的框架内，通过不断地重复商品信息，最终把商品信息灌输进受众的头脑中，达到营销的目的。而在信息时代，随着数字技术和新媒体传播方式的不断创新发展，新媒体广告在评价标准和要素选择方面建立起与传统广告不同的运行机制和制作方式。生活媒介化，媒介生活化，广告与媒介、与现代人的日常表达密不可分，极大改变了现代人的生存状态。

同理，基于信息时代新媒体技术的迅速发展，动画广告的跨界融合是在充分了解目标用户的基础上跨界寻找不同元素的内在联系，是视觉表相与内在理念的结合。动画广告的跨界融合创造了差异化理念，颠覆了传统思维，形成了价值共鸣，为品牌构建了全新的个性化内容。比如，国际知名品牌 PRADA 于 2008 年推出的春季服饰系列动画广告《颤栗之花》，具有如下亮点：首先，设计者运用了二维动画技术制作人物主角及场景设计；其次，设计者运用三维动画技术制作出 PRADA 品牌服饰的模型；最后，综合运用二维动画技术与三维动画技术这一新颖的表现形式制作出系列动画广告。在动画广告中，一位优雅、大方的女性身穿 PRADA 品牌服装，依次从创作者设计好的二维动画场景中走过，观众的视点随着女性的行走轨迹而不断变化，眼前出现了一系列如梦如幻、天马行空的绚丽场景。在这样的场景中，创作者的艺术性设计

的目的在于激发观众对"美"的注意力，随着这位女性不断在神秘的旅途中穿上 PRADA 推出各种款式的服装，观众仿佛也亲身参与到了 PRADA 品牌服装的传播活动中来，对于增强用户黏性、传播产品与品牌信息起到了有利的助推作用。这则动画广告突破了经典品牌的原有形象，使拥有近百年历史的老品牌脱胎换骨、涅槃新生。

信息时代，各品牌在面对消费者话语权的提升、不可控的外部媒体环境、消费者信息获取渠道的多元化等客观局面时，其营销理念逐渐由产品主导向受众主导转变，更加注重强调受众的自主探索与反馈沟通。动画广告凭借其交互体验与创意设计的优势，助力各品牌打造鲜明的品牌形象，使广告营销行业迈入新纪元。可以说，在信息时代，动画广告正逐渐成为主流的营销方式。

第六章

信息时代中美动画广告比较

据人民邮电报 2022 年 2 月 28 日报道：截至 2021 年 12 月，我国互联网普及率达 73%，网民总规模达 10.32 亿，比 2020 年同期增长 4296 万。伴随着互联网的不断发展和完善，信息时代互联网传播的触角已延伸至各行各业。随着中国市场经济的发展，中国广告业在规模上也已成为仅次于美国的全球第二大广告市场。支撑中国广告产业形成和运营的绝大部分广告理念与思维都发端于美国，但随着中国自成体系的经济和互联网的高速发展，中国广告行业正在经历脱胎换骨式的优化升级，广告主题不断丰富，广告技术不断更新，广告理念不断被突破，逐渐形成了适合中国特色的广告营销和传播模式。同时，得益于影视动画制作技术的飞速发展，近年来，我国动画电影也在票房和口碑上有亮眼的收获，作为广告大家庭一员的动画广告自然也发展迅速。本章节对信息时代中美两国动画广告作品创意、主题、诉求的分析，有助于促进从业者和研究者从广告传播策略及文化传播的视角，彼此借鉴，增进了解。

第一节　信息时代中美动画广告创意比较

创意，即具有创造性特征的意识、观念、智慧和思维，它可以通过对信息与内容的挖掘和整合，提升信息传播的价值。在信息过载的今天，能够吸引注意力的创意非常重要，在广告界尤其如此。何为广告创意？有学者从创意思维方式入手进行归纳，认为广告创意就是"创造性的想法，是表现广告主题的新颖构想、意念或主意、点子等"①。也有学者从营销实效入手进行归纳，认为广告创意是广告人在进行市场调查分析后，根据客户的要求，将产品诉求以艺术形式加以呈现的创造性思维活动。综上，本小节将动画广告创意定义为通过巧妙的广告创作技巧，配合独特的技术手法，以突出体现产品特性和品牌内涵的广告表现形式，最终目的是促进产品的销售。

本小节将从创意理论入手，以广告创意元素为基础，梳理中美动画广告创意的特征，归纳呈现两国在动画广告创意应用上的现状及异同。

一、创意理论溯源

人类社会经过工业革命后，社会生产力得到了大幅提升。20 世纪 30 年代左右，由于美国国内社会矛盾的激化和机械化批量生产产能过剩等原因，美国国内爆发了大规模的经济危机。美国国内经济市场呈现低迷状态，影响到了快消品市场，产品出现大量积压的情况，在这种情况下，直接促使了比人员"推销术"更具有传播效力的广告的流

---

① 金定海，郑欢. 广告创意学 ［M］. 北京：高等教育出版社，2008.

行——广告是纸上的"推销术"。克劳德·霍普金斯（Claude C. Hopkins）在退休后出版了《科学的广告＋我的广告生涯》，明确提出"预先占用权"这一原则，即"如果谁能找到该行业具有普遍意义的产品特征并首先使用它，谁就得到了预先占用权"①。霍普金斯作为"硬性推销派"的代表，站在推销的立场上强调广告的作用是向消费者展示销售理由和购买理由。"预先占用权"原则强调品类的公共属性，视其公共属性为广告推销卖点。

20世纪50年代，罗瑟·瑞夫斯（Rosser Reeves）在其著作《实效的广告》中系统提出并阐释了被后人誉为广告经典理论之一的"USP理论"，USP即"独特的销售主张"（Unique Selling Proposition，USP），USP理论源于当时社会市场发展。USP理论在某种程度上继承了"硬性推销派"代表性人物霍普金斯的"预先占用权"原则。罗瑟·瑞夫斯认为必须赋予产品一个销售主张，这一主张不仅是独特的，而且要对消费者起到强大的销售力。

由于罗斯福新政的推行，美国国内社会经济逐渐恢复稳定，另外随着社会生产技术不断改进，美国国内的社会劳动生产率也得到了大幅度提高，基于以上因素，美国得以摆脱经济危机的泥潭，进入了典型的"消费型时代"。因此，"消费品市场竞争比克劳德·霍普金斯时期更加剧烈"②。社会生产能力大幅度增长，卖方市场迅速转移为买方市场，消费者成为消费市场追逐的中心。但随着商品经济的进一步发展，产品同质化现象日趋严重，芝加哥广告学派的李奥·贝纳（Leo Burnett）对

---

① 陈琛. 经典广告理论 USP 的现代意义：奥利奥广告语转变 [J]. 戏剧之家，2019（28）：196-198.

② 陈琛. 经典广告理论 USP 的现代意义：奥利奥广告语转变 [J]. 戏剧之家，2019（28）：196-198.

USP 理论进行了补充和完善，认为广告创意的主要任务是抓住产品"与生俱来的戏剧性"，① 然后将其展示出来，吸引消费者的注意。20世纪 60 年代，威廉·伯恩巴克（William Bernbach）提出，好的广告应具备三个基本特征——相关性、原创性和冲击力。其理论出发点仍然是产品，但强调广告符号表现的差异化和个性化。同一时期，大卫·奥格威（David Ogilvy）提出了品牌形象理论，将广告创意的关注点从产品层面上升到了品牌层面。他提出广告的核心应该是"在公众的心目中是什么样的形象"，主张赋予品牌联想并对消费者诱之以利。至今，作为广告经典理论之一，USP 理论也被运用到越来越多的现代广告创意之中。随着广告创作实践，USP 理论内涵不断丰富。对广告设计的指导仍不可小觑，对广告人的创作影响深远。

二、中美广告创意理论发展

就商业性广告而言，其创意点通常被认为是向消费者介绍某种产品最为独特的卖点，强调同类产品之间的差异，进而吸引消费者的注意力，达到增强广告销售效果的目的。在这种目的的驱使下，广告创作者不仅是为企业开拓消费者市场，同时也在帮助消费者了解新产品，帮助消费者建立起鉴别产品商标和区分产品特征的意识。如 USP 理论从早期立足于产品本身价值发展为立足于对品牌特性和消费者基础的挖掘；品牌形象理论发展为品牌研究，细化到品牌创立、建设、经营、管理等环节，并延伸出品牌个性理论等一系列新理论。

此外，学界也不断有新的创意理论提出，如 1969 年美国广告学家艾尔·瑞斯和杰克·特劳斯提出的定位理论，该理论随后成为主导 20

---

① 刘悦坦. 再谈"与生俱来的戏剧性"——重新解读李奥·贝纳与"万宝路神话"[J]. 广告大观, 2005（02）：143–145.

世纪 70 年代广告的广告理论。该理论强调广告要以独特的信息抢占消费者的心理阶梯，以便让消费者一有相关需求便会想起广告所宣传的品牌，其创意落脚点完全转移到了受众身上。20 世纪 80 年代盛行的共鸣理论进一步深化了定位理论，从消费心理的差异化发展为情感体验的差异化，强调通过消费者的群体生活经历、情感体验去引发消费者的情感共鸣，从而赋予品牌特定的内涵和象征意义。

同一时期，中国广告业则发展缓慢，甚至到中国广告市场发展空前迅猛的 21 世纪初，我们也鲜有本土原创的创意理论。中国学界和业界目前所沿用的创意理论，大多是通过译著、教学、会议等方式从国外引进的。

需要指出的是，随着广告业持续的发展和媒介持续的变化，在信息时代语境下，不论是中国广告创意理论的发展，还是美国广告创意理论的发展，倘若将传统的广告形式和传播方式置身于信息时代，将会大大削弱其传播效果。这就提醒我们，在信息时代广告创意必须以"受众的变化、传播载体的变化和广告内容的创新"为中心来进行变革。

三、中美动画广告创意元素

3B 原则（Baby，Beauty，Beast）是动画广告创意中最经典的元素，时至今日，3B 原则仍被广告界广泛使用，中美均是如此，只是使用的倾向有所不同而已。

关于儿童（Baby）动画广告，在中国动画广告中，儿童元素涉及的行业和主题都相对单一和直接，多与母爱、家庭相关联，主要集中在母婴产品、婴幼儿成长、健康等特定行业或人伦、孝道等相关公益广告中。如母婴产品类动画广告，常从产品功效的角度出发，呈现其有利于儿童身心发展的功能特点。例如，由国内蒸汽工厂团队制作的贝因美奶粉定格动画广告，主要介绍产品原料、工艺和配方，着重强调在宝宝的成长过程中，"能将钙、铁、锌整合在一起，三种营养，全面吸收，使宝宝骨骼强健，脸色红润胃口好，营养大满贯"。

与中国动画广告不同，美国动画广告倾向于利用儿童元素本身的特质，如年轻、可爱、单纯等，来进行创意，涉及的行业与主题非常丰富。例如，依云（Evain）矿泉水在美国投放了一条动画广告，动画广告的营销策略点为"Drink Pure and Natural"（喝的是纯天然的），动画广告主题为"Live Young"（永葆童真）。在这条借势电影《蜘蛛侠》上映而创作的动画广告作品中，蜘蛛侠与镜子中孩童形态的自己一起尬舞和秀特技。除了蜘蛛侠，依云的该系列广告还表现了各年龄层的路人，他们看着镜子中返老还童的自己都惊喜不已。该系列动画广告充分运用了儿童元素去体现年轻与可爱特质，并通过这一元素巧妙地传达了产品"纯真、活力"的理念。

美女（Beauty）元素在中美动画广告中的使用率都较高，这种方法通过配合产品或剧情的需要，展示美女的身姿、容貌等去吸引受众的眼球。但受两国文化的影响，中美两国对"美女"的界定和表现存在着差异：中国倾向于长相清秀、温婉含蓄的美女形象，在表现方式上较为保守；而美国则更倾向于金发碧眼、性感奔放、富有个性的美女形象，在表达方式上也较为大胆。例如，内衣品牌黛安芬（Triumph）的一则动画广告《全职妈妈的蜕变》，该片整体色彩基调明快，片中的女性角色均以迪士尼公主为原型，人物表演轻松幽默，尽情展现她们的性感与活力。

关于动物（Beast）元素，美国动画广告对动物或怪物的运用在数量上明显高于中国动画广告，在中国投放的含有动物元素的动画广告也多是国外品牌创作，而且创意十足。在我国的品牌广告中，我们经常看到其中出现动物动画形象的作品。比如，在读书郎的动画广告中会出现灰太狼的形象。特别需要注意的是，广告厂商也会有意在一些优秀的动画作品发行时，运用"跨界联动"的形式，把这些有人气的动画形象加入广告作品中。比如，在《哪吒之魔童降世》《功夫熊猫》《喜羊羊与灰太狼》等影视作品放映阶段，某些品牌的动画广告中就会出现影片中的动物形象，这也是利用动物动画形象去吸引受众的注意力。但是这个方式主要是借势的手法，也有缺点。比如，动画本身和动物形象有一定差距，没有真实性，无法让观众身临其境，所以也就无法通过作品产生与动物直接对话的感受。

中美两国动画广告还常常利用动物与人的关系来比拟和展现产品属性。例如，太极急支糖浆 2004 年的一条广告便运用了动物和美女的元素组合的方式，上演"美女与野兽"的戏码，利用动物追击人的这一自然关系展现产品的重要性。广告中，猎豹追逐着美女狂奔，试图抢夺美女手中的急支糖浆。这条电视广告投放时间长，在当时产生的影响力也较大。但若从创意的角度来讨论，这条广告虽然运用了两大经典元素为自己增色，但由于故事情节生硬、无厘头，广告效果并不尽如人意。

四、中美动画广告创意差异探析

通过分析中美两国创意理论的发展与动画广告创意元素的运用，我们可以发现，目前两国动画广告在创意元素的运用上还存在着一定的差距：美国在创意表现方式的选取上非常多元，元素设计巧妙，表现出浑厚的创作功力，原创性和整合性很好；中国总体上传统形式的动画广告较保守，创意的独特性和传播的整体性稍有欠缺。究其原因，主要有以下两点。

（一）动画广告教育层面

美国的学校教育有较为完善的思维训练课程与辅导，对广告、传播、设计类专业的学生有较好的创意训练机制与设计表现实践，且在学科的整合学习与跨界融合上更加完善。相较而言，中国的教育对待创新的态度不够积极，同时，对学生审美意识的培养也带有一定的功利性，这就使得我们的教育不能完全激发学生创新思维的原动力，无法在专业教学过程中让学生建立起跨界交流的意识和机制。结果，动画广告人逐渐养成了创意"拿来主义"的惯性，这进而阻碍了我国动画广告创意理念的运用与发展。

（二）受众认知层面

由于中美两国文化和教育水平不同，因而两国受众接受与解析广告信息的能力与水平也不同。美国的动画广告可以让人看出其在生活情趣、文化理解、审美认知、幽默应用等方面都更积极，这也是因为美国不仅重视培养青少年儿童的审美教育、艺术熏陶、跨界能力等，美国的家庭教育、社会氛围也都在艺术、科技、人文、创新等各个层面为青少年、儿童提供支持，这种成长机制非常有利于提高与发展青少年儿童的认知水平。反观我国，受众对待动画广告的认知与态度仍然比较传统，在面对优秀创意和高级幽默时，解读能力不及美国，这也从侧面迫使我国的动画广告创意表现多停留在直白陈述或简单组合的创意形式上，很难有高水准的大创意出现。因此，培养受众的审美认知，是提高我国动画广告创意水平必要的一项长远任务。

总而言之，中美两国动画广告创意表现水平虽然不同，但两国动画广告之间相互借鉴、相互学习无疑是促进行业共进和市场良性发展的途径。随着新媒体的发展，认知水平与消费需求在不断提高和变化，广告创意也会随着信息内容的丰富、传播技术的进步以及文化理念的更迭不断地发展，出现更加跨界、多元的表现形态。

第二节　信息时代中美动画广告主题比较

本小节将以三大类动画广告主题为基础，结合中美两国的文化背景，通过对比中美两国对同类动画广告主题的切入视角及表现方式，探析两国在动画广告主题表现上的异同。

一、动画广告主题的概念

没有主题的作品是没有生命力的作品。广告作品的主题如同其他艺术作品的主题一样，是广告受众接纳的主体信息，是广告设计表现的基础。对于广告主题概念的界定，目前学界没有统一标准。王军元认为，广告主题是广告的中心思想和核心所在，是广告为了达到某种目的而要说明的基本观念，或者是针对消费者某一特定需求的独特主张。① 白建磊和丁海猛则将其看做广告中的"承诺"。② 徐莉莉则认为任何一次广告活动，都离不开对市场、消费者、产品三方面的研究。其研究成果往往直接成为广告的主题。但在不同的历史时期，广告活动对三者的关注程度是不一样的，它反映了广告观念的演进和变迁，直接见证了商品经济从"卖方市场"到"买方市场"的转换，在新媒体环境下，广告主

---

① 王军元. 论广告主题 [J]. 中国广告，2008（05）：103-106.
② 白建磊，丁海猛. 谁是广告的灵魂？——广告创意、广告主题和媒体策略的地位思考 [J]. 广告大观（综合版），2008（02）：163-165.

题的来源离不开对消费心理、产品特征、企业形象这三个方面的挖掘。①

本小节基于以上学者研究的基础，将动画广告主题理解为动画广告作品为达到某个目的所要说明和传播的基本观念，即动画广告传播的核心思想与主要内容。动画广告主题主要解决广告想要"说什么"的问题，动画广告主题贯穿整个作品，是主宰动画广告作品每一部分的灵魂，在动画广告作品中属于第一位决定性要素。

二、动画广告的主题分类

多元文化背景下的广告主题有着丰富的类别呈现。学者闫芳从受众心理需求的角度将广告主题划分为健康类、安全类、食欲类、时尚类等十一种类别；从产品本身特性的角度将广告主题划分为效能类、保证类、经济类、方便类。学界目前对广告主题还未有一个统一的分类标准。本小节将按照"爱""健康""经济"这三种常见的广告主题分类并分别进行相关案例分析。

本小节希望对经典动画广告案例并针对其主题进行分析，能够更好地挖掘两国优秀动画广告主题的内涵，并通过相对高水平的作品质量提高比较的价值，以使中美两国同类广告主题在动画广告表现上的异同更加清晰，从而使大家更好地理解中美两国广告主题差异的本质。

三、中美动画广告主题案例比较分析

(一)广告主题：爱

动画广告可以表达的内容很丰富。同样，动画广告表达的"爱"

---

① 徐莉莉. 新媒体环境下的广告主题表达 [J]. 新闻爱好者，2011 (23)：53-54.

的类型也很丰富。以公益广告为例，我们可将"爱"的主题细分为对
生命之爱；对老、幼、病、残、孕之爱；对环保之爱；对公益事业之
爱；对社会公德之爱等。总之，动画广告表达的主题很多，它所表达的
爱的主题的类型也很多。爱的层面和视角是多方面的。其中，"爱"这
一主题，常常在中美动画广告中出现。

"爱"有名词、动词、副词多重词性，且含义各有不同。"爱"含
有敬爱、爱慕、慈爱之意，是人们意识的一种趋向和感性上的表达，它
不仅是人的一种心理状态，还是一种感性方式或行为方式。"爱"外显
为实践行为，具体表现为理解、关心、体贴、呵护、帮助、给予、宽
容、责任等。"爱"有对长辈的敬爱、对朋友的关爱、对小孩的宠爱、
与伴侣之间的爱，以及对物品的喜爱和家国情怀的博爱。无论是在中国
还是在美国，"爱"都是人类活动中永恒的主题，广告诉求中的感性诉
求也常以"爱"为主题。

中国人追求和谐，心思细腻，在表达自己情感与想法时，会时时刻
刻考虑他人的感受。因此，在表达情绪或情感时，更倾向于使用温和委
婉的方式。相较而言，作为欧美，乃至全世界最受欢迎的情景喜剧之
一，《老友记》（*Friends*）对美国文化中情感关系的体现颇为具体生动。
剧中六位主角性格各异，因为合租、同学、兄妹关系而产生了联系，他
们之间的友谊建立在坦诚、率真、相互信任的基础之上，面对情感分歧
倾向于直接表达不满。中美两国在爱的表达上的文化差异在以爱为主题
的动画广告作品中也有所体现。

比如，在爱情主题的广告中。美国人崇尚自由、主动、大胆开放的
爱情观，在爱情的情感表现中直接奔放；而中国以爱情为主题的广告同
样延续了中国含蓄的表达方式，广告作品中少有直接的情感告白，多借
助场景、道具、画面、背景音乐、人物表情等元素渲染爱情的甜蜜氛

围。甜蜜食品多以爱情为主题。如在德芙（Dove）的广告中，男女主人公同坐在公园的长椅上，两人互生爱慕之情，却没有一个搭讪的理由；女生看到手边的德芙巧克力，心生喜悦，撕开巧克力，此时画面倾斜，男生滑坐到女生身旁。广告巧妙地结合了德芙巧克力的丝滑特点和爱情的甜蜜。

中国广告在表达爱意时多以眉目传情、言语暗示、情节烘托为主，擅长运用生活元素引起消费者的认同和共鸣。在美国以爱为主题的广告中，人物的情感表达更为直观和热烈，不乏以亲吻、拥抱等外显行为表达人物情感，在广告表现上也擅长运用多种元素，给人一种明朗轻松的感觉。如美国可口可乐动画广告《手臂上的爱情》就是"爱"主题的经典之作，该动画广告是魔幻现实主义，大胆地将动画融入生活、融入广告中，旨在让动画广告更加生动有趣。本片通过图书馆两位男女手臂上动画的交流，向大家展示了一个温暖而浪漫的校园故事，这则动画广告通过手臂上的可口可乐向大家传达了一个信息，可口可乐非常受欢迎，它会帮你追到心仪的人。

（二）广告主题：健康

"健康"通常作为形容词来使用，其形容一个人在身体、精神和社会生活等方面都处于良好的状态。日常生活中，健康通常包括两个方面的内容：一是身体的健康，即无疾病，人体的系统具有良好的生理功能；二是心理的健康，即积极乐观，能对自我情绪进行适当的调节管理。在物质文明日益丰富的现代社会，我们除了关注外显的身体健康之外，也应注重对心理健康、社会健康、智力健康、道德健康和环境健康等内容的关注。在信息时代，广告作为一种大众喜闻乐见的传播形式，同样也承担起对社会大众传播健康理念的重任。美国疾病控制与预防中心的出版物《健康的人》对健康传播的定义则是：健康传播涵盖研究和实践，用传播策略来让个体和社群通晓健康知识，做出更有助于健康的决策。在新媒体的传播语境中，随着人们不断对健康的重视，健康理念与知识已经在中美两国人民中有了较为广泛和全面的传播。

中美两国的健康主题动画广告常见于公益广告，包括倡导健康的生活习惯、积极向上的心态，戒酒戒烟、远离毒品等角度。随着人们日益关注自身的健康，健康主题成为食品、运动类以及保健类商品的首选。在此，我们分别以来自中国和美国的营养保健品这两个汤臣倍健和纽崔莱——品牌为例，分别对比信息时代中美两国在"健康"主题动画广告传播中的不同。汤臣倍健的口号是"全球营养，优中选优"，强调对原材料的精挑细选，从侧面突出健康优选的理念。纽崔莱的《健康世界》广告，广告口号"以自然的营养，给身体一个健康好环境"，同样从选材天然的角度表现健康主题，用"自然""健康"等词语直接突出其产品非人工、非化学、纯天然的特性。

此外，随着现代化建设进程的加速，在快节奏的生活节奏和巨大的心理压力下，亚健康成为现代人的常态。因此，健康生活理念逐渐成为潮流。于是，运动健身品牌的健康主题偏向日渐突出，在表现产品有益健康的主题时，广告通常会结合身材健美的人物、健康的生活方式等元素。

（三）广告主题：经济

"经济"包括便宜、实惠、节能环保等多种含义。勤俭节约是中华民族的传统美德，也是当下国人普遍的消费原则。美国文化中的务实价值观也同样倡导利益最大化的消费方式，经济是影响消费者购买决策的一个重要因素。

当下，"经济"的概念早已超越早期的"价格便宜"认知，内涵更为丰富，最大限度地发挥商品的使用价值，成为衡量商品经济特性的一个重要标准，物美价廉是其基本形式。

经济主题的广告通常与价格策略相关，单一的低价促销模式已无法满足消费者对品质的追求。目前，产品的市场竞争源于供大于求。在买方市场主导的时代，产品具有一定的价格竞争优势并不等于就一定具有竞争优势，企业竞争优势不仅包括价格竞争力，还包括非价格竞争力。①

经济主题广告的作用：①消费导向性。经济主题广告通过对某一产品反复的推介，从而引起某一个潜在消费群体对该产品的关注（甚至是消费理念的培养），并且这种关注（或消费理念）具有一定的持续性。同时，随着产品的不断升级，企业也会不断制作新的广告来引起消费者对其产品的持续关注；②激励功能。经济主题广告可能会刺激消费者对某一产品的消费产生一种具有主观判断性的积极愿景，消费者可能会凭借此具有主观判断性的积极愿景做出购买决定，例如，篮球巨星姚明和妻子叶莉为中国人寿所拍摄的一支电视广告，这则广告的投放时机选在姚明和叶莉婚后不久，中国人寿借助广大消费者对二人婚讯的关注，在广告中为消费者及时塑造姚明的好丈夫形象，对于引导消费者做出投保中国人寿具有正向的激励作用；③形成一种企业文化。就"华为"品牌而言，"华为"在国内广告投放的渠道选择较为严谨，大多选择央视等官方媒体进行广告宣传，另外"华为"在国际市场中的遭遇使其愈挫愈勇，令"华为"在消费者心中逐步建立起权威稳重的形象。

源自瑞典的家居品牌宜家（IKEA）以质优价廉的产品迅速占领了

---

① 侯雁，李炼. 低价营销策略的成功基础与约束条件［J］. 商业时代，2006（08）：32-34，26.

全球市场。宜家中国地区2014年广告"槟榔摊"篇便通过亲情纽带巧妙地平衡了低价与品质的关系。广告讲述了一位母亲靠卖槟榔养活四个孩子和两个孙子的故事，故事中体现了浓浓的亲情与家庭梦想，充满温情。宜家将杂乱拥挤的槟榔摊通体改造成一个明亮温馨的"新家"，新家里不仅有足够的储藏空间，还有贴心、人性的收纳、分割设计。宜家的这条广告通篇没有提到"便宜"，但却处处体现出物超所值的实惠以及让人易于接受的积极氛围。

美国黄尾葡萄酒的一条广告则通过演员夸张的表演，从侧面阐释了产品物美价廉的内涵。广告剧情为一名女士失手打翻了心爱的红酒后悔恨不已，后来又重新拿出两瓶酒，两人又愉悦高歌起来。整个广告用色鲜艳、节奏明快，剧中通过尖叫、表情、歌剧式对话放大人物从崩溃、悔恨到激动喜悦的情绪转变，观赏性极强。结尾广告词"Great tasting wine does not have to be expensive"（好的酒不需要昂贵的价格）点明了产品经济实惠的主题，影片幽默、戏剧化的表现方式则使观众产生好感，使之对产品的低价形成了正面认知。

尽管实际消费中影响消费者决策的因素在逐渐增多，但低价促销策略对消费者的吸引力仍然不可小觑，这从中国的"天猫双十一"和美国的"劳动节""黑色星期五"等一年一度购物狂欢节的销售额记录中便可见一斑。在表现经济主题时，表现经济实惠并不等于就可以忽略品质，因此，以经济为主题的广告中常伴有快乐、高品质和享受的积极元素。此外，广告在表现经济主题时，还可以辅助呈现价格元素以外的多元性特点，巧妙的修辞手法更易于令消费者接受。

四、中美动画广告主题表现差异探析

比较中美两国大量动画广告作品中的不同主题表现，我们可以发现，这两国动画广告的主题都非常丰富，其中，不乏多主题的广告作品。由于两国文化传统的差异，中国在动画广告主题的表现上更为正统，在以快乐、爱为主题的广告中，广告内容更多的是强调单纯的恋爱、浓厚的亲情、深厚的友谊等感情；而在美国同类主题的广告作品中，题材表现更为多元，爱情主题的动画广告中不乏同性之间的爱，快乐主题的动画广告中也不乏荒诞情节和元素。中美两国动画广告主题的不同选材和解读角度体现了两个国家不同的文化背景。

两国广告主题的差异源自中美两国不同的文化价值观。文化价值观指弥漫于文化之中的普遍价值观，人们用不同的价值尺度去评判某一事物，从而表明自己的某种意象和态度。受儒家文化影响颇深的中国文化注重整体凝聚力和集体意识，中国以"家"为基础，追求与大自然的天人合一。因而在中国的动画广告作品中，亲情的建立与维系便显得弥足珍贵。反映在中国的大多数广告语中，便是爱国主义、恋家情结和集体归属感，他们都极具中国文化特色，从而印证了中国广告的主题叙事与表现倾向性。

相比之下，美国的动画广告作品更注重个人表达，美国人认为每个人都应该重视自身的价值与需要，应该依靠个人的努力为自己谋取利益，强调个性自由与个人成就。因此，我们常看到美国广告在表现独立性、与众不同、竞争意识和自我价值的实现，它们都是美国重视个人表达的印证。

广告作为社会生活的一面镜子，反映了历史发展的轨迹和社会主流价值的迭代传承，从广告本身出发，结合其产出背景，就能对那时的社会文化价值一目了然。通过对中美两国动画广告进行主题分类和对比分析，我们可以更加详细地认识到两国文化差异在广告中的表现。

第三节　信息时代中美动画广告诉求方式比较

　　广告诉求，是广告主题与广告创意的重要表现手段，笔者认为其主要内容是指"用什么样的广告内容和形式对消费者进行说服的广告策略"。广告诉求的作用是将广告主题与广告创意完整地呈现给受众，从而有效地推动广告的传播。与此同时，广告诉求也是广告作品与消费者之间沟通的桥梁。选择什么样的广告诉求点和诉求形式，即"说什么"和"怎么说"是广告诉求所要解决的问题。广告的目的是说服消费者，使消费者对产品形成积极的品牌态度，进而促成购买行为。明确广告作品的诉求方式，有利于我们更直观地观察产品与消费者之间的关系，提升广告作品的主题与创意表现，而是否选择了恰当的广告诉求点和广告诉求形式是决定广告能否成功的重要因素。

　　纵观我国学者在广告诉求领域的研究，可以发现其关注点主要为广告诉求的影响因素，包括消费者的认知需求、性别特征、卷入度等，而对于广告诉求在我国目前的应用则较少涉及；美国的广告诉求研究则主要基于实际应用中的案例和效果分析。本小节将通过呈现和比较中美两国动画广告中所蕴含的诉求方式，探明两国动画广告诉求方式的应用现状与异同所在。

一、广告诉求主要方式

　　美国学者克洛（Clow）和巴克（Baack）在其专著《广告、促销与整合营销传播》中，分别列举了理性诉求、感性诉求、幽默诉求、恐惧诉求、性诉求、稀有诉求、音乐诉求这七种在美国广告中最惯用的诉求方式。本小节将以此为根据，结合国内学者对广告诉求的相关研究，将其进一步归纳、整合为理性诉求方式、感性诉求方式、混合诉求方式（主要包括幽默诉求、性诉求、稀有诉求、音乐诉求）与其他诉求方式（主要是恐惧诉求）四种广告诉求方式。

（一）理性诉求方式

在理性诉求方式的广告中，广告内容主要围绕着产品本身的实用性、功能性进行介绍，并且在广告中重点强调产品的属性与具体的用途，及其使用者在购买产品后可以获得的实际收益，换而言之，即理性诉求方式的广告所展示的产品能够更好地帮助消费者实现消费预期，是站在消费者的角度做出基于产品的真实展示。通常而言，以理性诉求方式创作的广告内容主要以事实为依据，广告本身的逻辑性较强，向购买者展现出来的产品信息较多。沈履平在《不同广告诉求对品牌承诺的影响：品牌类型的差异化分析》一文中认为："当广告诉求为理性诉求时，消费者对能力型品牌的品牌承诺更高"，基于此结论，笔者认为，创作者在理性广告诉求中可着重强调与消费者建立相互信任的品牌关系，具体可通过"奖励计划、会员机制"等措施达到提升品牌与消费者的关系质量的目的，使消费者不断增强对品牌的依赖程度。

相较于其他类别的产品，化妆品、食品、药品等产品常作为理性诉求方式广告的表现对象。在此以化妆品为例，在目前主流的化妆品广告中，创作者都会详细在广告中描述消费者在选取此种化妆品之后可以获取的益处，如常使用此种化妆品可使皮肤变得美白，达到抗衰老的目的等，此外，化妆品在嗅觉、成分、触觉、作用等层面的优势也属于理性诉求方式的内容范畴，通过理性的表达，从而提升品牌关系质量，进而提高品牌承诺。以雅诗兰黛化妆品的广告为例，整个广告即属于典型的理性诉求方式的广告，在广告中创作者没有设置任何故事情节，全片采取画外音的方式向消费者客观、理性地叙述雅诗兰黛化妆品的优势，创作者主要采用这种方式，来迎合消费者的需求，从而提升雅诗兰黛化妆品的品牌关系质量，引发大众购买雅诗兰黛化妆品的动机，进而提高雅诗兰黛化妆品的品牌承诺。

（二）感性诉求方式

与理性诉求方式的广告不同，感性诉求方式的广告极为多见，在任何产品和服务中都可以得到体现。从心理学的角度来看，感性诉求方式的广告和大众心理需求有着直接的关系，我们在日常的购物中可能都会有类似的体验，即在购买产品时大部分都是受到感性需求的驱使，如被某产品好看的包装所吸引、因为此前使用某品牌的产品效果良好而留下了不错的印象等，即使消费者对于某产品或者品牌本身并不了解，但也愿意因此而产生消费的行为。由此可见，感性需求广告在吸引消费者上，比理性诉求方式的广告效果更佳，这是因为现代社会生活节奏较快，人们来自外部的工作、生活压力较大，对于情感需求较高，广告商巧妙地利用了消费者的这部分需求，利用情感安慰激发消费者共鸣，从而实现广告促销的目的。经笔者调研，在现有的产品广告中，主流的感性诉求广告大多以故事片广告的形式呈现，人们通过这种故事性的广告片可以使身心在短时间内得到放松。如飘柔洗发护发系列、益达口香糖系列等都属于拥有明朗故事主线的广告。这种广告的传播效果较优，可以给大众一种全新的审美享受（主要指视觉、心理等方面的审美享受）。

（三）混合诉求方式

事实上，在现有的产品广告中，创作者大多都会采用混合诉求的方式来进行产品创意的表达，在很多高质量、完美的广告中，都是两种诉求方式的混合体，因为在信息时代，人们能够接收到足够多的广告信息，仅凭单一的感性诉求或者理性诉求已经不能够完全达到促销需求，为达到更好的宣传效果，创作者往往会采用将理性诉求方式与感性诉求方式相结合的方式，通过二者共同发挥作用，达到更好的宣传效果。我们通过仔细观看可知，上文中提及的飘柔洗发护发系列广告、益达口香糖系列广告中都包含着一定的理性因素，创作者在表达感性诉求的同时，也穿插着理性因素的表达，混合诉求方式的广告可以进一步表达出广告的目的。

（四）其他诉求方式

在信息时代，传统的广告创意原则在吸引消费者注意力方面显得后劲不足。现阶段，随着广告理念、拍摄与制作技法的大幅提升，出现了很多新的创作点，人们天马行空的想法得以在广告中表现出来。例如，动漫 IP 化与其他产业相结合作为近年来产品营销的重要手段，具有自身独特的优势，动漫 IP 具有稳定的受众群和粉丝用户，更容易获取消费者的信任感，且动漫 IP 具有长期合作的动漫角色形象，实效性更强更稳定，另外动漫 IP 具有独特的审美性，以京东 JOY 形象为例，动漫 IP 与品牌的联合推广活动不仅可以为企业降低营销的成本，还可以吸引大量的消费者广泛的关注。

二、中美动画广告诉求案例比较分析

本小节主要将理性诉求与感性诉求作为中美动画广告诉求案例比较分析的内容。

（一）理性诉求

理性诉求指广告通过传递产品本身的信息，帮助潜在消费者了解产品或品牌，建立其对产品或品牌的信心。① 通常，采用理性诉求的广告倾向于将产品特点信息化，力图使消费者明晰消费需求，而广告产品恰恰就具备满足此需求的作用和优点。在此类广告中，许多理性动机都能作为广告诉求的基础。如舒适、方便、经济、健康以及质量好、耐性强、效率高等。普遍而言，运用理性诉求的广告大都熟谙产品的功能特性和技术特点，尤其能够把握消费者微妙的需求动机，形式也多种多样，而且兼顾审美，从多方面展现产品的特性。在实际运用中，理性诉求广告能够根据目标消费者的需求定位，情理交融，往往能收到上佳的广告效果。

中美两国广告在理性诉求上有着明显的共同点，即围绕产品或服务的功能特性向消费者摆事实、讲道理，把产品的好处一一列出，为消费者提供充足的购买理由。对于功能性很强或者技术含量很高的商品，理性诉求会将功能优势作为诉求重点加以表现，以产生强于感性诉求的促销力。例如，宝洁公司旗下的舒肤佳（Safeguard）香皂和高露洁（Golgate）牙膏，它们所使用的表现方法就是不断重复独特的销售主张，将消费产品的理由和购买产品的好处清晰地表达出来，以说服消费者顾及自己及家人的健康，从而产生购买欲望。就产品的品类而言，中美广告对理性诉求的运用也有相通之处。泊尔斯马克（Pelsmacker）和吉恩斯（Geuens）在对比利时杂志广告进行抽样分析后发现，诉求方式的选择往往因为产品的种类不同而不同。理性诉求在烟草、汽车类广告中最多；感性诉求则在食品、酒精饮料、个人保健品、休闲类产品、时尚服

---

① 蔡建军，陈鑫. 论微电影广告的情感诉求与表现——以百事可乐《把乐带回家之猴王世家》为例 [J]. 美与时代（上），2016（05）：107-109.

饰及电子产品类广告中比较多。① 的确，无论是我国本土品牌联想笔记本动画广告，还是美国苹果笔记本动画广告，两者都注重将产品本身的特点、卖点等要素介绍给受众，并将其产品的优势与亮点通过动画广告一并呈现出来，以帮助目标消费者理性地做出判断和价值选择，促使其进一步形成产品认知和产品态度。

中美两国理性诉求广告的差异化表现主要体现在：相比我国，美国广告的理性诉求更侧重于广告内容与高科技呈现方式的结合。例如，美国 Serta 床垫动画广告宣传片，通过全方位地展示 Serta 床垫，对床垫的性能进行介绍。使用三维动画的制作方式有利于全方位描述该自动床垫的优势，使观众获得立体空间的视觉感，符合观众的心理需求。这种诉求不仅给受众带来了震撼的视觉体验，同时也自然地展现了产品的突出特点；反观我国同类产品动画广告——雅兰床垫产品宣传片，采用实拍与动画相结合的形式，间接地强调产品对受众健康生活所带来的有益影响，进而影响到受众的购买欲望。

可见，以理性诉求为主的中美广告的差异主要表现在对产品内容的阐述和表达方式上。我国广告主要采用直陈式，在文案和画面中直接呈现产品概念、社会评价等，从社会价值的角度寻求说服力。这种方式的弊端是无法形象地突出产品特性，在产品同质化越来越严重的情况下，这种方式往往无法彰显广告的意义。而美国广告多以多层次的画面感和简洁明了的风格吸引受众，无论是视频广告还是平面广告，产品的功能特性都常以对比切换的画面或通俗易懂的文案来呈现，在唤起消费者的好奇心后利用其兴趣驱动心理，从而完成广告的意义转换。

---

① DE PELSMAKER P, GEUENS M. Emotional appeals and information cues in Belgian magazine advertisements [J]. Internation Journal of advertising, 1997, 16 (02): 123-147.

（二）感性诉求

感性诉求指通过在广告中载入情绪、情感因素，传达商品所能带给目标消费群体的附加值或情绪满足，感性诉求又被称为情感诉求或情绪诉求。目前，无论是在中国还是在美国，在提倡个性化消费的背景下，情感因素已成为消费者购买决策的重要考量标准，人们更关心商品的心理价值及象征意义。中美两国广告在感性诉求方面具有共性，它们都是从产品出发去挖掘其背后的意义，利用精彩的故事情节，引发受众的感情认知，增强广告的传播效果。

但在感性诉求的侧重点、元素选用以及表现程度和表现方式上，中美两国又各具特色。美国广告在元素的选用上较多地运用荒诞刺激的元素，在情节表现上往往以普通人的日常为切入点去抢占消费者的第一印象。

例如，美国惠普笔记本与网球名将小威廉姆斯联手推出的动画广告，在镜头语言的运用上就充满了生机与活力，令人过目难忘。在广告中，创作者通过影视合成软件结合真人实拍表演，将小威廉姆斯的一系列动作运用三维动画的形式表现出来，画面逼真而富有想象力，看起来令人感觉非常神奇。我们发现，广告中小威廉姆斯的一系列表演，在现实中是无法实现的，它打破了常规平叙式的镜头表现，给予人们如魔法一般的梦幻体验，这就是数字化时代动画特技的镜头语言赋予广告的魅力。

我国广告作品在表现感性诉求时，更多的是将广告产品具象化为符合传统价值观的元素符号。例如，为弘扬中华文化、传播社会主义核心价值观专门创作推出的"梦娃"系列公益动画广告。以"梦娃"为主角，用七个主题小故事的形式向大众倡导"国是家、善作魂、勤为本、俭养德、诚立身、孝当先、和为贵"的中国精神，形象而有趣地诠释了社会主义核心价值观。"梦娃"穿着红色的花布衣裳，面颊饱满，脸上带着微笑，眼神满含期望，仿佛在憧憬着未来的美好生活。"梦娃"萌动可爱，深入人心，生动地表达和弘扬了社会主义核心价值观，精准地传达了"中国梦·我的梦"理念，从而起到了宣传的目的。

通过以上案例，我们可以看出，中美广告作品在感性诉求的运用上均利用了人类情感上的共鸣点，在各自根植的文化背景中利用创意与想象力，以唤醒消费者内心深处的情感。不同的是，在我国的广告作品中，感性诉求的表现方式多是围绕传统文化中的"家庭"进行主线铺垫，以产品在亲情、爱情中的无形融入为内容；而在美国的广告作品中，感情诉求则更多地在强调个人的自我价值和存在意义，以此来迎合人们的自我肯定诉求。

三、中美动画广告诉求方式差异探析

通过探求中美两国在动画广告作品中的诉求方式，我们可以发现，两国动画广告中存在着较为明显的诉求方式偏向。究其原因，这主要是由两国消费者不同的文化背景造成的。

中国的动画广告通常围绕单一的诉求组合信息，并且大都紧紧围绕着传统价值观，表现形式更为正统，内容上更加强调亲情、家庭、集体等情感因素。在我国，消费者头脑中有着根深蒂固的传统文化，包括不同的民族文化、多宗教信仰的价值体系以及性别等级意识等，当这些因素分别作用于消费者的产品认知过程时，便容易使消费者对自身或社会利益进行不同的考量，从而偏向不同的诉求方式。此外，我国历史文化中的集体主义观念也是影响消费者心理的重要因素之一，消费者在部分消费场景下会出于对国家利益、对集体利益的考虑而做出购买决策。比

如，2021 年我国河南省郑州市因特大暴雨遭受城市严重内涝，我国企业鸿星尔克在自身亏损的状态下依然捐款 5000 万元人民币，大众在了解鸿星尔克这一行为后，纷纷走进鸿星尔克线下门店，竟将其产品买到断货。因此，在动画广告中利用相关元素可以产生一定的说服效果，如近几年的"国货热"等现象。

相比中国动画广告较为保守传统的风格而言，美国的动画广告则更加注重个性及个人情感因素的表达，在广告诉求方式的选择上也更为自由和灵活。在美国的社会历史中，消费者形成了追求自我表达的特质，对自我利益的考虑成为影响其选择产品的重要元素。美国学者爱德华·霍尔（Edward Hall）认为，美国人偏好直爽明确的表达和行为，而中国人则喜欢委婉含蓄的言行。在中国，好广告的特点是间接隐晦、有象征意义、富有人情味和幽默性；而在美国，直奔主题的广告则显得更有效率。① 美国的动画广告无论是以哪种诉求方式为主，都包含着追求自我价值实现的文化内涵，且这种情感诉求将极大地影响消费者的最终购买决策。

综上，动画广告的最终目的是通过传递产品信息吸引消费者的注意力，影响并改变消费者对产品的态度，促成消费者的购买意愿和购买行为，这是动画广告创意表现的基础目标。中美两国基于不同的文化背景，形成了不同的动画广告诉求偏向。但随着媒介技术的不断发展和融合，随着多元文化的汇集和交流，随着产品消费群体的流动变化以及多样化的消费方式和创意表现等因素的出现，消费者对动画广告诉求方式的接受和喜好发生了很大的变化。需要指出的是，任何一种文化意识的形成都有其自身的合理性与局限性，都受时代和社会背景的深刻影响。

---

① 缪浩然. 中国和北美文化背景下暗示型平面性诉求广告心理效果的比较研究 ［D］. 苏州：苏州大学，2014.

中美两国动画广告的持续发展，既需要根植于本土文化，也需要借鉴融合他人动画广告实践的先进之处。双方只有在互相学习中不断反思和改进，才能提升其动画广告的表现力，收到良好的传播效果。

第七章

信息时代我国动画广告创意的延伸思考

当前正处于消费社会与景观社会叠加的时代，"广告如同空气一样包裹着人类，作为一种劝服的艺术，其不仅仅是售卖商品，广告中与其说充斥的是对产品的推销，不如说流淌着种种生活态度、生活方式、生活哲学和意识形态"①。作为一种文化艺术，广告的无处不在与强大影响力已经形成了其独有的文化空间，为此，热拉尔·拉尼奥称广告是"大众文化王国的总理"。文化空间是"一个这样的空间，既是意识形态性的（因为是政治的），又是知识性的（因为它包含了种种精心设计的表现）"②。广告的上述属性、存在状态与如今强调文化自信、夯实社会共识的双向对照，决定了广告创意在遵循主流意识形态下融入、培育文化自觉与社会共识的必要性。

---

① 郜明. 批评理论视角下广告文化的哲学解读——意识形态传播模式在广告文化领域的应用研究［D］. 上海：上海大学，2017.
② ［法］亨利·列斐伏尔. 空间与政治（第二版）［M］. 李春，译. 上海：上海人民出版社，2008：30.

第一节　信息时代我国动画广告的发展趋势

一、新兴媒体成为主流传播平台

在信息时代，为提高广告在传播过程中对消费者的吸引力，其传播方式主要依托于隐形化传播、组合化传播以及利益化传播等手段来实现。在新媒体广告传播优势的基础上，品牌商在营销中积极利用新媒体的优势，结合新媒体广告的跟踪营销、叙事营销、饥饿营销等行之有效的营销途径，可以使营销过程得到更多消费者的关注和接受。上述新媒体广告的传播方式与营销策略，为动画广告更好地应用在新媒体平台上起到了推动作用。

首先，在传统媒体背景下，广告在投放与传播层面存在一定的短板，且受制作技术的局限，使得不少广告面临着缺少个性的尴尬局面，随着虚拟现实（VR）技术的不断完善，动画广告的表现形式变得越来越丰富，动画广告也随即融入新媒体平台的各个角落中；其次，信息时代随着新媒体技术的不断发展，为动画广告与新媒体的合作提供了契机，而动画广告也在新媒体技术的支持下表现出了极强的传播优势；最后，随着新的媒体形态日趋多元、市场不断扩大以及社会文化素养的普遍提升，企业也越来越重视广告传播效果与新媒体之间的密切联系，把动画广告的商业性隐藏在艺术表现之下，用艺术装饰商业，逐渐消除观众对商业广告的防备心理，最终达到广告宣传的最终目的，使动画广告逐步走进人们的生活中，为大众接受。

例如，在 2017 年戛纳国际创意节网络类金奖作品 *Audi：The Enter*

Sandbox VR Experience 的 VR 虚拟体验中，创作者为了向消费者展示汽车在真实沙漠中行驶的性能，巧妙地利用虚拟现实技术，将消费者"驾驶"汽车模型在沙丘中行驶的感觉模拟成在真实沙漠中驾车的体验。在这则广告中，消费者有选择的权力和自由，不同于传统广告的被动输入，这种形式的选择自由会给消费者一种更强的控制感，让消费者认为是他们自己在主导与控制着整个试驾的过程。除了汽车企业可以利用虚拟现实技术给消费者模拟"试驾"的体验之外，虚拟现实技术也为新零售带来了虚拟场景的支持。比如风霆全景的 VR 书香门第项目，将智能导览和内容营销相结合。消费者以第一视角在虚拟场景中自由点击感兴趣的物品，在选定物品后，即可通过语音解读获得它的材质、价格等信息，直接在线支付，线下配送。风霆全景的 VR 书香门第项目大大提高了消费者选购的便捷性，从预览、体验到购买过程可以做到足不出户。①

在新媒体技术营造的虚拟场景之中，消费者不再是一个被动的信息接收者，而是变成了对内容的主动探索者。在这样的情况下，消费者往往更容易集中注意力，专注于广告带给自己的体验，而忽略了时间的流逝。

二、主题创意和视觉特效并重

不管是公益性的广告，还是商业性的广告，可以说，视觉特效在广告创意设计中始终占据着主导地位，设计师基本都会采用视觉传递的形式向受众传递广告思想主旨与理念。视觉特效实际上就是综合了"视觉"与"特效"两个概念，其中"视觉"指的是人眼中所能直接看到

---

① 张喻澍. 从戛纳创意节看虚拟现实技术基础上的广告创意 [J]. 声屏世界·广告人, 2018（06）：101-103.

的事物、人物、景色等内容（这里所指的"人眼中所能直接看到"包含两个层面的意思：其一，现实世界中存在的事物、人物、景色等内容；其二，人们通过某些技术手段创造的虚拟事物、人物、景色等内容），而"特效"则是借助某一特殊的形式来传递信号或其他想法理念。笔者认为，视觉特效就是通过人的视觉感官来展开的信息交流与沟通，实现人类情感文化等传播交流。所以，在信息时代的动画广告设计中，如何加强视觉特效是值得探讨的问题。

动画广告作为把蒙太奇与视听语言相结合的综合性艺术，彰显出一种与实景拍摄截然不同的艺术魅力。创意可谓是动画广告的灵魂所在，创作者通过先进的影视动画制作技术，将简单而富有意义的动画形象、丰富明快的色彩搭配、夸张拟人的动作表现融入其中，不仅加强了广告的趣味性，还能让观众在轻松的氛围中了解广告内容，在无形中达到信息传播的目的。尽管动画广告具有以上诸多优势，但《2021年中国网络视听发展研究报告》中的数据表明，我国有95.4%的网民为网络视听用户，并仍呈增长趋势。现有这样庞大的网络视听用户，也可从侧面印证，信息时代信息量呈爆发式增长，可以使人们在很短的时间内非常容易地接收到近百条广告，加之时间碎片化现象日益严重，人们很难静下心来仔细阅读一则静态平面广告超过5秒钟的时间。所以，在目前静态广告缺乏竞争力的情况下，越来越多的新媒体广告开始走向精准的动态化设计，将新媒体技术引入动画广告的动态化制作中。这不仅具有时代性和科学性，而且展现了最前沿的艺术想象力和对社会文化产物的最新感知，正是对"主题创意和视觉特效"并重的一种全新思考。

例如，2020年第十届北京国际电影节动态海报，海报主体视觉元素以汉字"十"为中心，代表着十周年，创作者运用动画制作技术，使"十"字快速转动形成一个圆，结合渐变色使人联想起镜片，最后利用这些镜片组成了天坛的形状。该设计通过图文元素的变换、位移以及颜色的变化，充分体现了动态海报的时间与空间概念，借助时间变化与图形空间变化增加了海报的叙事性与信息量。

三、新修订的《中华人民共和国广告法》使动画类广告比例提升

最新修订的《中华人民共和国广告法》已于 2015 年 9 月 1 日开始正式施行，此次修订是 1995 年《中华人民共和国广告法》颁布以来，20 年后首次全面修订。其中，对于明星代言广告的行为进行了必要的限定和约束，而在以往的广告法中并没有对代言人的行为进行法律约束。2015 版新修订的《中华人民共和国广告法》对明星代言广告的行为从法律责任的高度进行了约束，以往明星代言广告只收钱负责表演而不关心产品本身质量及优劣的不负责任的行为将被禁止。如果明星代言的广告涉及虚假宣传，明星本人同样也要承担连带责任。

新版《中华人民共和国广告法》修订实施以后，倒逼企业主将企业代言的重点由原来的明星代言转为动画形象代言。这不但是企业主出于企业经营安全的考虑，更是追求企业价值最大化的一种表现。采用动画形象作为企业品牌开发的一部分，可以丰富企业的品牌形象，可以提升企业品牌形象的艺术感染力，从而塑造出极具企业个性特征的、独特的代言人形象，这是由动画广告的经济特性所决定的。在高度同质化的商品社会竞争中，企业形象的构建不容有丝毫差错。原有的明星代言，若遇到明星涉毒涉腐等任何形式的违法违规行为，将给企业造成无法估量的损失。采用动画形象作为代言人，则会完全杜绝此类现象的发生。"百分百好牛，百分百好奶"是光明乳业成功导入卡通形象后所制作的动画广告。该系列动画广告中所采用的主角形象是一只卡通形象的小牛，通过这只卡通形象小牛的表演，成功地阐释了光明乳业的广告诉

求。光明乳业的这只卡通牛有别于其他品牌的明星代言，消费者会非常自然地产生品牌联想，该品牌容易被消费者所铭记。从市场销售情况所反馈的信息可以证明该系列动画广告是很成功的。

2015版的《中华人民共和国广告法》规定，广告代言人在广告中应当依据事实对商品服务做推荐证明，并不得为其未使用过的商品或者未接受过的服务做推荐、证明，不得利用不满十周岁的未成年人做代言，不得为新《中华人民共和国广告法》禁止代言的商品或服务做代言，同时还应做到符合现行的有关法律、行政法规。① 在我国，以"90后"和"00后"为代表的年轻消费群体正在崛起，二次元动画设计对消费者的影响将会越来越大。因此，动画卡通形象将成为取代儿童代言广告的最大赢家。

不管是明星代言广告的减少，还是儿童代言广告的减少，都会增加商家对动画广告的投入，新版《中华人民共和国广告法》将会为动画形象代言提供更广阔的市场。信息时代，动画广告将会被越来越多的商家用于产品的推广。

第二节　动画广告塑造品牌模式及原则

进入21世纪以来，随着读图时代的来临以及现代动画技术的发展，动画的传播载体与方式均发生了很大的改变，在这种大的时代背景下，作为从属于动画子类别动画广告也得到了充分的发展。信息时代，广告是塑造品牌价值和品牌利益的重要武器，对改变品牌形象、激发品牌内

①　宋磊. 新《广告法》对动漫产业有何利好［N］. 中国文化报，2015-09-14.

在潜力、深化品牌与消费者的关系起着重要作用。本节内容将以学界研究为基础，归纳总结品牌塑造实战中动画广告的运用模式，并提出指导原则，以供国内企业在采用这种方式时参考。

一、动画广告塑造品牌实战模式分析

通过对大量品牌动画类型广告的观察和分析，可以得出以下几种常见的动画广告运用模式。

（一）以动画角色为重心的模式

将动画角色作为动画广告塑造品牌个性的重心，首要原则是以"消费者为中心"，创作者可以通过全新的设计或者与知名动画或漫画角色合作，展开动画广告创意活动，演绎出品牌的个性。从某种意义上来讲，动画角色形象就成为企业产品或是品牌形象的替代品。所以，这种模式对于新角色的个性塑造要求很高，若是启用知名的卡通形象则需要注意，此卡通形象与品牌的性格要求应相吻合。

在如何运用动画广告中的动画角色塑造品牌个性方面，海尔集团与惠普笔记本做得就比较好。海尔集团成立伊始，就十分注意品牌形象的建设与完善。20 世纪 90 年代，海尔集团主导开发的企业形象动画广告《海尔兄弟》在央视播出后，反响巨大。海尔集团能够从最初的电冰箱生产发展到如今全球最具影响力的中国家电品牌之一，与其一贯所坚持的品牌建设是分不开的。为了打造海尔全球化的品牌发展战略，集团每年都要投入过亿的广告费。也许，在 20 世纪 90 年代花 3000 多万元制作像《海尔兄弟》这样的作品，对于大企业来说只是特定阶段的一种广告宣传营销方式而已，不过它在中国动画史上却享有独特的地位。直到今天，在海尔的产品中依然能够看到那两个可爱的动画形象。2008

年热映的电影《功夫熊猫》播出后,以电影中熊猫作为主角的动画广告被惠普率先导入,并将以熊猫代言的惠普笔记本全线上市,起到了很好的宣传作用。企业通过市场化的运作手段与时尚流行动画联姻应该早已不是什么新闻,但其广告效果屡创奇效是值得去思考的事情。

企业运用此种模式的关键是把握住动画角色的明星定位,让消费者接受其作为品牌的形象代言人,并具备整合意识,多渠道挖掘动画角色的价值。

(二) 以动画情节取胜的模式

通常而言,以"动画情节取胜"的动画广告创作模式与以"动画角色为重心"的动画广告创作模式有较大区别,以"动画情节取胜"的动画广告创作模式主要以动画广告宽泛的、富有想象力的故事情节来吸引消费者,达到塑造品牌的目的。此种形式的动画广告往往以系列广告的形式出现,创作者往往通过某种统一的形式建立品牌认可度,消费者则通过跌宕起伏的动画情节加深了对品牌的美誉度和记忆度。

例如,同样是光明乳业的动画广告,"玫瑰酸奶几米"篇不同于"光明牛奶奶牛"篇,这则广告的奥美执行创意总监吴佳蓉曾说过:"此广告的主题是要表现爱情的美味,这似乎与产品本身有点远,但在现代社会里,爱情的美味被各种艺术形式大嚼特嚼着,光明乳业希望能沿用之前曾经拍过的酸奶系列广告,继续打健康、美容的诉求,广告公司所要做的就是在旧片的片尾加 5 秒的内容,从'玫瑰'二字下手,告知消费者'玫瑰使脸色红润',然后顺藤摸瓜,找到'爱情'."① 广告针对时下年轻人喜欢几米的漫画,迎合他们的心理需求,利用几米漫

---

① 小智. 为什么要玩广告? ——光明玫瑰酸奶"几米篇"创意幕后点滴 [J]. 中国广告, 2003 (12): 74-75.

画的故事情节渲染了年轻人喜欢的生活方式，建立起玫瑰酸奶就是一种属于自己的生活方式的品牌认知，起到很好的效果。

正是由于动画这种艺术表现形式，使得它比其他艺术形式在叙事技巧上更自由。而且这种方式还因其满足了不同年龄层次消费者的心理需求，更能为消费群体所接受。这不仅拓展了广告表现与叙事的可能性，而且也使品牌形象变得更加丰满。当然，我们也应注意扩大的想象范围带来的消费群解读的不可控性。

（三）以表现手段为重点的模式

在以表现手段为重点的动画广告塑造品牌实战模式中，通常没有动画角色演绎夸张、幽默的故事情节，往往是利用动画广告的多种艺术表现手段对产品进行解释性的说明或展示，这其中既有传统的水墨、木偶等动画表现形式，也有利用三维动画技术、虚拟现实等新技术作为支撑，使得动画广告表现手段更加多元化。以三维动画为例，近年来随着三维数字技术的发展，动画的表现形式日益丰富，不论是液体、毛发，还是爆破、烟雾、灰尘等的表现，都可以利用三维动画表现达到以假乱真的效果，这是传统二维表现形式达不到的水平。

中央电视台 2009 年推出的《相信品牌的力量》，是一部运用三维动画的形式来表现水墨风格的三维动画广告作品，很好地将品牌形象主题与水墨技术相融合，是一次极具中国特色的视觉表达。这种虚与实相结合的水墨风格的作品，主要是运用了水墨流体特效技术，属于纯 CG 的制作方式，作品在创作过程中极其注重细节的处理和后期特效的制作。这种方式通过参考现实中水墨画的效果，运用相应的三维动画软件进行虚拟动画设计，然后为其建立相应的、融合的虚拟场景，随后在相关的技术软件中进行动画的制作，以及完成动画的输出，最后将输出的动画序列帧导入 After Effects、Nuke 等后期合成软件进行合成。《相信品牌的力量》通过笔墨的晕染效果，为观众营造出一幅极富东方韵味且具有艺术空间信息的完美动效画面。

通过对中央电视台水墨风格动画广告的实例分析，可以看出在以表现手段为重点的动画广告创作过程中，不但要注意画面内容的基础设计，任何技术环节上的细小变化也是至关重要的。

二、动画广告塑造品牌的实践指导原则

信息时代，动画广告在塑造品牌的过程中，也需要遵循一定的实践指导原则。这些原则既是出于对存在潜在风险的考虑，也是为了让动画广告在品牌成长过程中发挥出更好的效果。

（一）设计性原则

通常情况下，动画广告的创作者在设计品牌广告时，首先要把握住动画广告的心理特征和艺术特征，同时也要充分考虑到动画艺术的幽默性这一艺术特点是否适合在广告中使用。因为设计动画广告就是将品牌进行人格化设计，同时也要将动画广告拟投放的目标媒体作为考虑的必要因素之一。即便如此，设计性原则在整个动画广告的创作过程中也是非常难以把握的。

以我国浙江电视台水墨动画广告《西子篇》与欧洲 Orange 电信系列动画广告为例。在浙江电视台水墨动画广告《西子篇》中，广告设计者通过水墨动画的形式，很好地传达了浙江电视台"雅文化"的节目定位和风雅婉约的频道风格等信息；在欧洲 Orange 电信系列动画广告中，广告设计者就是通过故事情节来塑造 Orange 电信的服务客户、科技领先的品牌形象。

品牌塑造是一个非常具有艺术特色的过程，同时也是非常科学的过程。因此，在动画广告塑造品牌时，要注意对以上原则的灵活运用，并且能够使动画广告在品牌塑造上有一种科学的积极依据，尽量避免因缺少整体考虑，使动画广告被孤立地看待，为品牌和消费者构建一条更加便利、有效的沟通渠道。

（二）成本控制原则

近年来，动画制作成本从每分钟 3 万元逐渐上涨到 4 万元至 6 万元，个别作品的制作成本甚至已经接近每分钟 10 万元。面对如此高昂的制作费用，我们不禁要问，如何通过工业化流程管理和技术运用有效控制动画的制作成本？我们不可否认，基于管理学的视角来看，在企业面临空前市场压力的今天，低成本运营战略必将成为未来企业最大的竞争优势。因此，对于广告制作成本的控制正日益凸显其重要性。

笔者认为，好的作品源于好的创意，创意的来源有两个关键词：一个是用户生产内容（UGC），一个是专业生产内容（PGC）。用户生产内容（UGC）是与他人合作，就动画广告制作而言，第一种合作方式可以与目前成熟的动画 IP 进行合作，利用互联网新媒体的传播优势进行跨界营销；第二种合作方式是与动画导演合作，在开展合作的过程中，动画导演不仅负责创作，还要负责动画制作技术方面的把关。一个作品的成功除了创意之外还有后续制作，这是作品成功的关键。通过合作把自己不足的部分补足，通过优势互补，达到 1+1>2 的效果。专业生产内容（PGC）是纯原创，自己写剧本、编故事、一步一步进行创作，与用户生产内容（UGC）相比，难度较大。

（三）差异性原则

信息时代，从文化和市场的维度来看，在激烈的市场竞争中，品牌的差异化生存对企业是极其重要的，从感官经验的维度来看，我们已经生活在一个形式屏幕化、内容影像化、旨趣奇观化的视觉文化世界里，从受众的维度来看，信息时代受众更具选择的主动性（至少是表面上的主动性）。因此，动画广告内容制作者要在合法的前提下，尽可能使用多种手段去满足受众需求，以吸引其注意力。基于以上三个维度的分析，把握差异性原则有利于消费者有效区分不同品牌，消费者往往通过不同的视觉符号和其他品牌表意形式的印象来建立品牌个性的评价。而动画广告凭借其天然的学科优势，不仅可针对某一种产品表现出多种艺术风格，而且还可以将不同品牌的同一种产品之间的差异性很好地体现出来，并传达给受众，这种差异是多方面的，既有表现手法上的差异（特指动画广告本身），也同时具有心理上的差异（特指受众本身）。

例如，在资生堂 2018 年年末推出的视频广告中，"化妆的力量"被重新定义。女性化妆是老生常谈的问题，但是少有人想过其中的原因。这个广告通过灵活运用定格动画的方式，将化妆给主人公带来的光芒展现给观众，使化妆的力量得以充分展现出来。广告的本体思想通过这些一帧一帧的动画完完全全地展现在了众人面前，大量不同的色彩不仅让人眼前一亮，还更加凸显了广告"化妆""光芒""力量"和"自我"等这些充满正能量积极的词语和思想，不仅激起了大量观众的共感心情，同时也展示了一种包容、开放的品牌态度。

性别对立一向是社会的聚焦点，而资生堂的广告则大胆的打破了这条分界线，运用差异性原则，通过动画来展现主人公的心理变化，告诉观众无论哪种性别都可以在色彩丰富的世界中找到只属于自己的那片光芒。

（四）一致性原则

动画广告作为品牌营销的有效手段之一，相较于平面广告与实拍广告而言，动画广告使品牌在消费者心中留下印象的概率大大提高，目的是要在品牌与广告之间建立某种联想。动画广告的设计环节与动画艺术基本一致，唯一的区别即是：动画广告的设计需要紧密地围绕着品牌的需求开展，其设计的主要环节包括动画广告角色形象、内容情节的安排、艺术手法等。如消费者看见卡通马桶小博士就联想到了TOTO卫浴公司，企业巧妙地在"博士的知识"与"我们生活的质量"之间进行意象置换，在现实生活中，博士具有渊博的知识，作为知识的化身，很好地印证了"知识就是第一生产力"这一概念，TOTO公司将以博士的水准制造卫浴产品，从这一角度来讲，TOTO公司的卫浴产品能够有效地保障消费者的生活质量。另外，一致性原则对于品牌来讲又存在另外一层含义，即品牌在自身发展的过程中要注重长期效应的培养，客观来看，品牌在消费者心目中良好的形象不是仅仅通过一次动画广告就能实现的，这对于品牌运用动画广告营销宣传时提出了一个不可忽视的问题，即品牌在采用动画广告进行营销时自身前后需保持一致。

（五）延伸性原则

在品牌的塑造过程中，广告扮演着重要的角色，并且也起到了十分重要的作用。但企业在投放动画广告进入市场时，还应该充分挖掘动画广告中角色的附加价值，运用好动画广告角色形象的延伸。在实际的生活中，由于动画形象"可爱""萌"等特点，与实拍广告相比，更多的消费者会选择喜欢动画形象。因为人们都喜欢可爱的事物，受此偏好影响，消费者会购买企业生产的动画形象玩具、用品等。因此，企业做好动画广告的延伸、深度挖掘其附加价值十分重要。

一般而言，企业大多会选择"垂直延伸""水平延伸""服务流延伸"作为推广新产品时的策略，但无论采用哪一种品牌延伸策略都各有利弊。一方面，实行品牌延伸策略能够拓宽市场，实现品牌的多元化发展，达到"强化品牌认知度、提升品牌形象"的目的；另一方面，品牌延伸容易造成品牌资产消耗过度，对于品牌的个性及整体定位可能会产生一些负面的影响，在某种情况下可能会丧失受众对固有品牌的好感度与忠诚度。信息时代，如何使万物互联的特性与品牌延伸有机结合，对企业的发展来说将会是一个新的重大挑战。

（六）地域模糊性原则

俄国的一个著名科学家曾说过："科学没有国界，科学家却有国界。"科学如此，动画亦然，动画艺术以其特有的表现力，在世界范围内受到人们广泛的喜爱。以动画角色为例，如中国著名的卡通人物孙悟空、哪吒被国外的观众理解喜爱一样，许多国外的卡通形象，如史努比、米老鼠、维尼、一休哥、小丸子、小新等也深深地吸引了中国的观众，动画的梦是没有国界的。

同理，以商业的视角来看，信息时代的商品营销不单单是面向国内市场，更大的商机应该面向世界。由前文所述，动画艺术以其特有的表现力，在世界范围内受到人们广泛的喜爱，因此动画广告无须借助语音，仅仅凭借角色的表演就能够向世界各地的人们精准的传递信息，动画广告的这一特性是其他任何视频广告不能比拟的，也成为营销界最为有效的传播工具。以迪斯尼为例，成立近百年推出了无数经典的动画影片，每一部都深受世界各地的人们喜爱，无论其是在美洲、在非洲、在亚洲，迪斯尼乐园都有大批忠实的观众，在此情形下，各大品牌商与迪斯尼联名推出的商业动画广告也收获了一大批粉丝的关注，如 ONE MORE 与迪士尼米奇联名推出的系列广告表现不俗，其与传统的印花 T 恤不同，不再是简单印上可爱的米奇图案，涂鸦都是精心设计，风格多变，深受喜欢米奇的女孩子们喜爱。ONE MORE 恰如其分地运用动画广告这样一个具有世界范围理解力的方式，会为我们多提供一种方法来面对这一难题，同时，对于品牌的成长的国际化是极为有利的。

第三节　信息时代我国动画广告的传播方式

自我国改革开放之后，中国大陆第一个商业广告——上海电视台播放的"参杞补酒"（1979 年 1 月 28 日）出现开始，我们国家的广告（商业广告与公益广告）数量就开始快速增长。40 多年来，随着媒体种类的增多，人们获取信息的渠道也日益丰富，获取信息的速度也更加快速和便捷，广告传播的方式也变得多种多样，它们共同见证了中国经济发展的奇迹。

一、传统媒体是近代动画广告的主要传播渠道

动画广告最早出现在纸质媒体中，通常以漫画的形式体现，被称为"漫画广告"。1912 年，《民立报》上刊登了我国第一则漫画广告——"第一总统牌精神药丸"西药广告。同一时期，《申报》也刊登了漫画广告，产生了较大的社会影响力，如 1917 年的造血药广告、1928 年的飞鹰老牌炼乳广告、1930 年的热心牌热水瓶广告等。漫画广告以漫画的形式将产品的内容演绎出来，相对于传统的平面广告，使人感到更加亲切，内容更加风趣。在此后较长的时间内，"漫画广告"作为品牌营销的最主要形式之一。

改革开放后，电视逐渐成为我国最主要的广告传播媒体。相比传统平面广告和电视广告，动画因其本身的特性，表现形式丰富多样。所

以，动画广告在表现形式上也呈现出多样化的特征，能根据广告中的产品特性灵活选择适合的表现形式，而这些优势正是在传统电视广告中不能通过实物拍摄、剪辑所达到的效果。除此之外，前信息时代的电视广告大多为实拍形式，过多的依赖于明星代言，因此除了广告拍摄所需设备、创意、后期等环节的费用之外，还会再额外产生一笔高昂的明星代言费，而采用动画广告的形式则可避免这一现象的发生，不仅会节省大量的明星代言费用，随着产品的不断宣传，动画中的虚拟形象也会被不断重复使用（如海尔集团的海尔兄弟），随着时间的推移，它们逐渐成为众人皆知的动漫明星，还能为企业持续创造无限的价值。

立足我国当前实际，客观来看，虽然我国互联网的普及率大大提高，但不可否认的是，我国现阶段仍然有很多地区的人们不具备上网的条件，仍然以影视作为休闲娱乐的核心，当下动画广告的传播方式可能依然以影视媒体展开。笔者结合自身的生活体会，认为当前以影视媒体为代表的传统媒体，在信息时代仍然是动画广告传播的主要渠道，和我国居民的日常生活是分不开的。

二、新媒体是未来动画广告传播的重地

任何一件事物都有其多面性，以"新媒体"为例，从不同的维度来看，能得出不同的结论。以媒介发展的维度来看，"新媒体"是一个相对的概念，是继报刊、广播、电视等传统媒体之后发展起来的新的媒体形态，包括网络媒体、手机媒体、数字电视等；以技术发展的维度来看，"新媒体"也是一个宽泛的概念，指利用编程技术、数字技术、传感技术、网络通信技术等手段，通过互联网、宽带局域网、无线通信网、卫星等渠道，以及电脑、平板电脑、手机、LED 显示器、数字电视机、LCD 显示器等终端设备，目的是让用户通过参与感悟和认

知新媒体的魅力，获得精神上的愉悦和对新生事物的认知。笔者认为，信息时代的新媒体应该被称为"数字化新媒体"，我们在日常生活中所接触到的手机媒体、网络博客、数字电视、微博、微信等都属于新媒体范畴。

借助新媒体的发展，动画广告的表现形式更加多样化，其多样的表现形式得到了进一步的发展。在信息时代背景下，动画广告不仅通过传统的动画短片形式在影视剧播出的间隙进行播放，还会在以手机为代表的移动社交平台中广泛存在。在国内，微信用户基数庞大，微信利用自身这一优势，为 HTML5（即 H5）广告提供了偌大的发展空间和支持，从这个角度来看，微信不仅仅是一款社交软件，甚至还成为人们日常生活沟通与交流的重要途径。在微信中传播 H5 广告非常方便且形式多样，有二维码、小程序、公众号推文、测试、游戏等多种表现形式，用户通过点击相应的按钮，拖拽动画人物进行的交互行为，暂时让人们忽略了动画人物所代表的广告的商业属性，潜移默化地增加了用户对于产品的好感。比如，以网易公司大龄单身女员工 Linda 的情感故事线为内容展开的"网易单身女编辑春节前惨遭逼婚"游戏为例，在用户操作游戏进入收获圆满爱情结局时的页面中，依然会出现"我要脱单"和"看看婚戒长什么样"两个选项，当用户选择"我要脱单"按钮时，页面右上角就会出现箭头指示用户引导分享：而当用户选择"看看婚戒长什么样"按钮时，游戏就会切换至"BLOVE 品牌婚戒"定制的广告页面，至此才正式进入广告营销主题。在游戏的最后，用户才会意识到，原来这个游戏是网易与"BLOVE 品牌婚戒"合作的宣传广告。

在信息时代背景下，动画广告拥有极强的媒体适应性，为满足不同终端设备的使用要求，创作者可通过专业的动画软件制作出不同的动画广告版本，然后企业方快速、有效地将制作好的动画广告投放到各媒体终端，把产品信息宣传出去，在某种特殊的情况下，企业方为了最大程度弱化了消费者对于动画广告的排斥心理，会要求动画广告的创作者在创作的过程中弱化广告的商业属性。

第八章

信息时代基于社会热点实践的动画广告课程思政探索

本章节内容为 2021 年度天津市教育科学规划青年一般课题（课题编号：EIE210305）的创作实践成果展示。笔者针对现阶段中国广告教育所呈现的一些现实问题，在课程思政这一新型思想政治教育模式背景下，以 2021 年度天津市教育科学规划青年一般课题（课题编号：EIE210305）为依托，从教学理念和方法层面开展多学科综合性探索。"入乎其内"，即立足动画专业，树立课程思政教学观，建构一种系统的、开放的教学理念，而非与专业相脱节的就理论而理论的知识传递与考核；"出乎其外"以方法学习带动知识理解和理论转化，在动画广告的教学中将具有"时代特征的社会热点"及相关理论进行实践化的探索，突出专业课程思政的价值引领作用。

第一节　现状分析及探索路向

一般来说，"高校的人才培养规格，取决于高校的专业培养目标；

而专业的培养目标，又是由其课程体系决定的"①。在教育过程中，课程占据着核心的地位，是实现教育目标的基本手段。审视中国广告教育的发展，主要存在三个基本面：第一个基本面是中国广告教育的自身定位。有研究者认为高校在培养学生的过程中片面地强调广告的专业概念、制作技巧与商业效率，而忽视对于学生职业行为具有指导意义的"伦理价值"的引导，使得广告伦理教育成为当下我国广告专业教学体系中被边缘化的教学领域②；第二个基本面是中国广告教育的理论支撑。中国广告理论体系的发展与建设中带有浓厚的西方色彩，在四十余年的发展过程中，"体现出了一种由功用主义理念支撑的具有实用主义精神的办学思想"③，这样的模式虽符合国际高等教育的总体发展趋势，但在课程思政这一新型思想政治教育模式背景下，中国广告教育对于"以马克思主义的立场、观点及方法为导引，在传授专业知识和技能的同时，隐蔽地发挥马克思主义的领航作用，渗透性地引导学生坚持正确的政治方向与价值追求"④ 的要求缺乏重视；第三个基本面是中国广告教育的理论体系，审视中国广告教育的内容体系要回到中国广告学理论体系的基本架构中，以往的广告教育内容按照广告学知识谱系相应地划分为心理研究、市场营销、管理经营与媒介传播，这背后对应的分别是心理学、市场营销学、管理学与传播学等学科知识谱系及体系，彼此之

① 张昆. 高校新闻传播类专业课程建设的思考［J］. 新闻与写作，2020（02）：66-73.

② 康瑾，张一虹. 中国高等学校广告专业伦理教育研究［J］. 中国大学教学，2018（12）：70-74.

③ 丁俊杰，宋红梅. "功用性"建构中的生存与发展——中国广告教育实践四十年解析［J］. 现代传播（中国传媒大学学报），2019，49（11）：158-162.

④ 黄薇. 基于"课程思政"教育模式的广告学专业课教学改革研究——以公益广告课程为例［J］. 传媒，2019（09）：83-86.

间有着明确的学科壁垒与界限。①

　　综观中国广告教育的三个基本面，都存在不同程度的缺陷或不足：在教学理念上明确广告专业为"服务于经济建设"而设置，功用导向非常清晰，缺少对职业"伦理价值"的引导；在教学方法上片面地强调广告的专业概念、制作技巧，对于具有"时代特征的社会热点"缺乏必要的专题性探索，以及立足学科优势深刻理解课程思政的育人价值；在教学知识谱系上多关注新闻学、传播学、广告学等知识内容，而以动画学为切入点，整合新闻学、传播学、广告学等知识内容，但展开的研究却少之又少。②《动画广告》作为我校艺术学院动画专业本科三年级核心必修课程，在现阶段课程设置层面依托我校商学体系，秉持"功用性"教学理念，全面适应创新型产业发展需要，在教学知识谱系中以动画学为切入点，引入广告学、传播学的相关知识，实现教育输出与市场需求的双向对接，但现阶段在教学方法上尚未开展对于具有"时代特征的社会热点"的专题性探索，以及立足学科优势深刻理解课程思政的育人价值。

　　课程思政本质上是一种课程观，王国维先生曾说过："入乎其内，必有生气；出乎其外，必有高致。"③ 他提出的这一中国史学研究的重要思想与方法论，也可用于基于社会热点实践的动画广告课程思政的教学中，从教育者角度出发，其一，"入乎其内"。建构一种系统的、开放的教学理念——将马克思主义、动画学、广告学、传播学等知识内容

---

① 刘祥，丁俊杰. 从"而立"到"不惑"：中国广告教育发展的历史考察 [J]. 中国广告，2018（10）：108-111.

② 王涛. 动画广告理论与应用研究 [M]. 天津：天津科学技术出版社，2019：10-14.

③ 皮燕琪. 篆刻艺术在中学广告设计课程中的教学探索 [J]. 中国文艺家，2018（10）：136-137.

与当下具有"时代特征的社会热点"的广告类型、广告案例等关系延伸到动画广告教学之中；其二，"出乎其外"。以方法学习带动知识理解和理论转化——立足本专业，主动对接具有时代特征的社会热点并开展专题性教学探索——如何实现知识传授与能力培养的教学目标，并创造性地实现专业课程思政的价值引领作用。

第二节　动画广告教学理念与实施方法

"对广告教育的研究，不能停留在简单的分类整理和粗浅的褒贬批判上，而应该从时代背景出发，以客观公正的态度将其作为分析研究的对象，探索广告教育背后隐含的丰富内涵和时代意义，建立对广告教育的宏观认识，并对当今的中国广告教育提出指导建议。"① 因此，基于社会热点开展的动画广告课程思政教学应确立一个系统的理念模型，即具有开放性的教学设计：首先，基于马克思主义的立场、观点及方法，对当下具有"时代特征的社会热点"的广告类型、广告案例进行分析，引导学生深度认知其背后蕴含的时代意义与思政价值，教学方式包括讲授、启发、讨论（8学时）；其次，以动画学的视角对新闻学、传播学、广告学等知识内容进行串联，进一步厘清动画广告介入社会热点的角色定位，教学方式包括讲授、启发、实践、互动、点评（16学时）；最后，以专题性的教学探索实现从社会热点到动画广告的转移，教学方式包括实践、互动、点评（40学时）。本课程安排在本科动画专业第六学期，共计64学时，采取综合考评方式，平时学习过程占50%，卷面测

① 闫琰，陈培爱. 中国广告教育三十年研究：1983—2013［M］. 福建：厦门大学出版社，2016：5.

评占 50%。具体实施方法如下所示。

一、问题调研——社会热点的价值根源（8 学时）

"由于价值是在价值客体与价值主体的关系中生成的、体现的"①。因此，探寻社会热点的价值根源，既要从作为价值客体的社会热点出发，也要从作为价值主体的人出发。第一，要求学生利用课外时间进行资料的查找和调研，培养学生的调研分析能力，挖掘"社会热点"。基于"动画广告"课程的需求点及思政价值，旨在培养学生基于专业课程背景下独立思考与解决问题的能力；第二，基于课程思政的课程观对当下具有"时代特征的社会热点"事件进行梳理（如垃圾分类、非物质文化遗产传承、美育等），并形成专题；第三，对产生较大影响的社会热点事件进行个案分析，目的在于带动大学生在思政学习中具有主动性与有效性，使得同学们在学习中产生共鸣，于共鸣中强化认同。

二、设计定位——"动画广告"课程介入社会热点的角色定位 (16 学时)

教育部等八部门印发《关于加快构建高校思想政治工作体系的意见》，强调要"全面推进所有学科课程思政建设"，并对艺术学类专业课程提出了明确的定位与要求，即"要教育引导学生树立正确的艺术观和创作观，积极弘扬中华美育精神"②。任何一种探索都是应对现实问题的一种回应或调试，理念与方法的探索是解决问题的关键，基于当

---

① 杨保军. 论新闻的价值根源、构成序列和实现条件［J］. 新闻记者，2020（03）：3-10.
② 中华人民共和国教育部. 教育部等八部门关于加快构建高校思想政治工作体系的意见：教思政〔2020〕1 号［EB/OL］. 中华人民共和国教育部官网，2020-04-22.

前社会不断发展的大背景，社会热点问题的相关内容和涉及领域越来越广泛，就动画专业教育者角度而言，要具有按实际情况适当结合社会热点问题进行教学的意识，紧扣教材内容寻找学生关切的热点话题，对热点事件进行选择，找准热点素材与课程思政教学之间的内在契合点，但需注意的是，社会热点融入"动画广告"课程思政教学预期效果的实现，需要教师立足动画本专业，整合新闻学、传播学、广告学等知识内容，并坚持价值引领性原则。

例如，在开展以"新冠肺炎疫情防控宣传"为主题的"动画广告课程思政"专题性教学实践中，要注意对学生进行正向的价值引领，辩证思考"新冠肺炎疫情发生后，全国各族人民一条心地投入疫情防控"背后的深层动因，即除了彰显新中国成立 70 余年、改革开放 40 余年取得的巨大成就之外，真正触碰内心的源于"全民战'疫'"本身对中国人民坚不可摧的意志、愈挫愈奋的民族精神及主流价值观的建构，对于新时代讲好中国故事、弘扬中国精神具有重要的价值意蕴。

三、原型实现——从社会热点到动画广告的转译（40 学时）

社会热点介入动画广告课程的价值包含两个层面：一是基于课程建设层面多样化的价值，二是基于学生实践层面系统化的价值。针对问题调研阶段形成的专题，并结合动画专业特点，选取广播广告、宣传海报、动画广告短片（30S）作为专题训练项目。选取以上三项不同表现形式作为专题训练项目的原因为：其均与动画学、广告学、传播学高度相关。因为动画艺术作为当下最主要的视觉艺术形式，已被普遍被运用于广告的宣传之中；而广播与宣传海报则是广大群众喜闻乐见的宣传手段。同时，以上三种专题训练项目亦作为最主要的艺术形式被"全国大学生广告艺术大赛"（简称大广赛）"全国大学生广告艺术节学院奖"（简称学院奖）等专业赛事承认所接受，成为学生与业界沟通的重要桥梁。

　　学生经过前两个阶段的课程教学开展了网络调研，已初步认识到社会热点的价值根源以及课程介入社会热点的角色定位，在第三阶段产出了一批围绕"时代特征的社会热点"开展偏内容创作类的专题性成果与作品，并尝试总结成教学实践案例进行推广和示范。各个专题的训练项目学时安排分别如下：广播广告专题创作训练为 8 学时、宣传海报专题创作训练为 8 学时、动画广告短片专题创作训练为 24 学时。其中，部分宣传海报专题创作训练与动画广告短片专题创作训练教学实践成果如下所示。

（一）宣传海报专题创作训练（8 学时）

　　在本专题课程教学中，宣传海报指的是在平面设计与动画理论的基础上，结合"动画广告课程思政"观，通过图像的形式将与传达主题相关的符号、文字等元素重新给予视觉记忆，并形成一个完整的传递信息过程，综合性较强。从教学实践成果来看，同学们在本专题训练中的创作视野较为开阔。其中，以"致敬逆行者"与"赞颂祖国"主题的教学成果最为精彩。下面，以周雅琪同学的宣传海报《不怕》为例，进行分析。

　　学生以插画的艺术语言"致敬逆行者"与"赞颂祖国"，整幅作品通过淡雅的色调向人们传达出一种积极向上的情绪。作品主体是一个小女孩在打点滴，象征着"希望"的心型与花瓣通过输液管流入小女孩的体内，消极的因素被充满"希望"的液体挤得无处躲藏。同时，小女孩怀中抱有一束鲜花，红色的中国地图的形状在花束中非常醒目，小女孩脸上自信的微笑与海报上的文字"有你们　我不怕"给观者内心以踏实安全感（见图 1）。

图1　《不怕》宣传海报　学生周雅琪作业

（二）动画广告短片专题创作训练（24学时）

就动画广告短片专题创作而言，其作为"动画广告"课程的最重要教学实践内容，在课程教学的各个环节遵循动画短片创作的一般流程，除了涉及动画理论相关知识外，还融合了多种理念（计算机技术、数字技术和艺术创意等），较宣传海报而言综合性更强，在关照整体视觉艺术美感的同时更加注重实用性，所要表达的内容要直截了当、引人注目，甚至是通俗易懂，不拐弯抹角。下面，以周雅琪同学的定格动画广告短片《垃圾分类》的创作流程为例，进行分析。

第一，坚持问题导向。学生经过课程第一阶段对当下具有"时代特征的社会热点"事件进行梳理分析，认为垃圾分类作为当前人们日常生活中容易忽略的关键细节。在此基础上，教师继续引导学生深度挖掘人们对于垃圾分类的盲区与痛点，并创作文字剧本与文字分镜头（见表1），在此阶段需要确定片子每一个镜头的细节，包括旁白、音效、背景音乐、镜头运动及镜头的时长，4学时；

表1　《垃圾分类》动画广告短片文字分镜头　学生周雅琪作业

镜号	景别	时长	摄法	画面内容	台词/解说词	音效
1	全景	4秒	固定镜头	背景放着四个垃圾桶，九九站在中间，二萌从右下角入境	九九：大家好！这是二萌 二萌：大家好！	背景音乐
2	全景	3秒	固定镜头	大萌从左下角入境	九九：这是大萌 大萌：大家好！	背景音乐
3	全景	4秒	固定镜头	画面出现六个字：垃圾分类小知识	九九：今天由这两位给大家讲垃圾分类	背景音乐
4	全景	2秒	固定镜头	四个垃圾桶在画面中央	大萌：垃圾分类是有技巧的	背景音乐
5	全景	3秒	固定镜头	垃圾桶向下移动	二萌：对，今天就与大家分享一下	背景音乐
6	全景	4秒	固定镜头	玻璃、衣服、塑料、纸张、金属的卡片依次出现	大萌：像可回收垃圾就分为五大类，玻、衣、塑、纸、金	背景音乐
7	中景	5秒	固定镜头	将卡片换成实物玻璃壶、衣服、塑料瓶、报纸、铁锅，然后扔入垃圾桶内	二萌：就是玻璃、衣服、塑料、纸张和金属	背景音乐
8	全景	6秒	固定镜头	剩菜、瓜果、核的卡片依次出现	大萌：那厨余垃圾就很好区分了，是剩菜、瓜果、壳	背景音乐

续表

镜号	景别	时长	摄法	画面内容	台词/解说词	音效
9	中景	9秒	固定镜头	骨头、桃核仍入其他垃圾桶	二萌：对，就是厨房的剩余垃圾，但是要注意，骨头、桃核等坚硬物品属于其他垃圾	背景音乐
10	全景	16秒	固定镜头	有害垃圾依次出现，最后扔入垃圾桶内	二萌：有害垃圾大致可以分为两类，一类是医疗用品，例如，温度计、注射器、废药品、杀虫剂。一类是生活用品，例如，废电池、水彩笔、油漆和过期的化妆品	背景音乐
11	全景	4秒	固定镜头	出现其他垃圾，依次跳过其可回收、有害和厨余垃圾桶扔入其他垃圾桶内	大萌：其他垃圾就是除了可回收、有害、厨余之外的垃圾	背景音乐
12	中景	5秒	固定镜头	依次出现瓦片、砖块、渣土、烟蒂	二萌：像瓦片、砖块、渣土、烟蒂等	背景音乐
13	中景	6秒	固定镜头	依次出现一次性筷子、尿裤、卫生纸	大萌：还有弄脏的一次性筷子、尿裤、卫生纸同样属于其他垃圾	背景音乐
14	全景	5秒	固定镜头	一颗心出现	二萌：垃圾分类到这就讲完了，为了我们的美好家园	背景音乐
15	近景	4秒	固定镜头	大萌出场	大萌、二萌：大家一定要垃圾分类哦	背景音乐

第二，在文字分镜头的基础上创作分镜头脚本（见图2），同时注明旁白、音效、背景音乐、镜头运动、镜头的时长等细节要求，4学时；

第三，分别创作动画广告短片《垃圾分类》的角色（见图3）、场景（见图4）、道具（见图5）等元素设计，8学时；

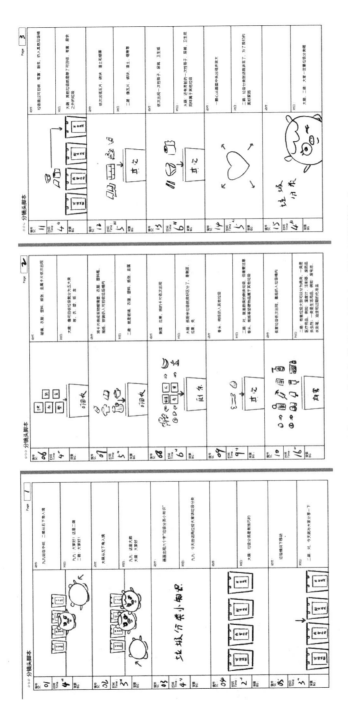

图 2　《垃圾分类》动画广告短片分镜头脚本　学生周雅琪作业

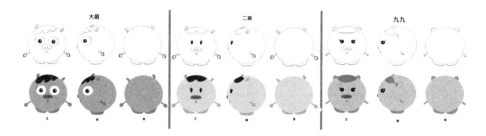

图3　《垃圾分类》动画广告短片角色设计　学生周雅琪作业

图4　《垃圾分类》动画广告短片场景设计　学生周雅琪作业

图5　《垃圾分类》动画广告短片道具设计　学生周雅琪作业

第四，制作定格动画广告短片《垃圾分类》的动画部分，4学时；

第五，制作完成定格动画广告短片《垃圾分类》的后期（字幕、台词、配音、背景音乐、音效）合成，并输出最终成片，4学时。

第三节　教学效果与反馈

动画广告"入乎其内""出乎其外"的教学方法和理念实际上是以马克思主义的视角与动画学为主要学科立场进行的课程思政教学实践探索过程。正如学生在阶段性学习总结中所写的那样："如果没有这次对于社会热点问题的专题性实践创作，我可能仅仅会将与之相关的报道作为茶余饭后的谈资，但恰恰是老师采用课程思政这一新型的教学理念引导我们对社会热点问题开展更深入的了解和剖析，才促使我进一步去思考如何用视觉的方式去把这次事件记录下来。"还有学生写道："目前，我国对环保的宣传主要还是以官方媒体为主，形式比较单一，没有充分利用电影、娱乐节目、短视频等媒体工具，让垃圾分类思想渗透居民日常生活，让居民深刻意识到垃圾分类的长远意义所在。另外，还有很多居住环境较好的人认为环境保护离自己很远，致使部分居民没有意识到保护环境的紧急性和重要性。我愿用我的专业知识向人们普及'绿水青山才是金山银山'的理念。"根据罗森堡ADDIE（分析、设计、开发、执行和评估）教学理念和方法模块的评估系统，从教学设计、教学过程、教学成果、教学反馈的综合效应而言，该教学体系整体上呈现出良好的教学成效，并以此为契机，学生开始认真主动对相关社会热点进行反思（问题意识）。同时，思考本专业力量在社会热点中的定位、作用与意义（方法意识、学理意识），对于提升学生综合专业素养具有切实的可行性。

第四节　小结

课程思政本质上是一种课程观，教育部等八部门印发的《关于加快构建高校思想政治工作体系的意见》，强调要"全面推进所有学科课程思政建设"，必然带来艺术教育课程设置、专业结构、教学理念、教学方法等环节的调整。就动画专业背景而言，基于马克思主义的立场、观点、方法开设动画广告课程思政教学，虽是以实践为主导，但如果没有专业理论教学，尤其是广告学、传播学等理论教学，无疑是"无源之水，无本之木"。从动画广告课程思政教学理念、实施方法及效果反馈来看，达到了课程的教学预期，但也暴露了以下三个问题：第一，同学们对于广告学、传播学等学科理论知识的缺失，是导致本次课程无法顺利实施的主要障碍，因此，笔者在该门课程开课之前，主动引导学生使用网络课程资源补齐理论短板；第二，在前期教学阶段，学生针对社会热点问题的调研不够充分，无法精准地获取大众在面对这些问题时容易忽略的关键细节，对课程后期实践环节产生了一定的影响。因此，笔者指导同学专门制定了针对社会热点问题的详细网络调研问卷，辅助学生精准深度挖掘社会热点问题的盲区、痛点；第三，在后期实践环节，部分动画制作软件能力较强的同学会追求更深层次的动画制作技术，与本次课程教学理念存在脱节现象。因此，笔者时刻提醒学生在该阶段应多思考如何使用动画制作技术实现专业课程思政的价值引领作用，而不是单纯追求技术的深入。

由此及彼，就现实而言，任何一种理念与方法的探索都是应对现实问题的一种回应或调试，社会热点是某一阶段社会文明发展的直接反映，其中蕴含了丰富的"思政价值"。对于艺术专业教师开展基于社会热点实践的课程思政教学探索，其课程体系变革必须与社会发展的基本动态相适应，在此期间不可回避地会涉及如建构怎样的教学方法和教学理念才能使"艺术+课程思政"更具有开放性、专业教学需要什么样的理论与之同构、艺术专业人才需要具备哪些知识素养和理论素质、理论谱系中的何种成分与具体的实践相对接等问题。

第九章

信息时代动画广告课程思政教学成果展示

　　本章节内容为 2021 年度天津市教育科学规划青年一般课题（课题编号：EIE210305）的创作实践成果展示，另外，笔者近年来担任《动画广告》课程的主讲教师，在授课过程中尤其注重对动画广告在信息时代背景下课程思政建设路径的探索。基于此，笔者以 2021 年度天津市教育科学规划青年一般课题（课题编号：EIE210305）为依托，并结合《动画广告》课程内容设置了若干创作实践类的衍生课题，衍生课题方向分别涉及城市环保、垃圾分类、丝绸之路、冬奥会、非物质文化遗产、传统文化、精准扶贫、汉字艺术等，笔者针对以上衍生课题方向分别指导学生创作具有科普性质的动画短片，并参加天津市教育委员会主办的天津市大学生动漫与数字创意设计大赛，部分作品获得了等级奖。现选取其中创作完成度较好的几部作品展示，希望各位业内专家学者、同行师生们能够不吝赐教、鞭策指正。

第一节　城市环保宣传的动画化表达及推广研究

作品名称：电池回家

作　　者：张志慧

指导教师：刘　坤

创作步骤及方法：见表 1

表 1　《电池回家》创作步骤及方法

阶段	内容
前期	第一，开展大众对城市环保宣传的认知程度的市场调研；第二，根据调研结果开始制作剧本、人物设定图、场景设定图、分镜头脚本。
中期	参考已经完成的设定部分，用专业软件 Maya、Substance Painter 等进行制作，将设计好的角色与场景、道具进行三维模型制作及贴图绘制工作。在 Maya 中进行角色模型的绑定调试，按照分镜头进行动画的制作。
后期	首先，将调好的动画和场景模型导到 Unreal Engine4 中进行动画短片的渲染；其次，用 Adobe Premiere 将镜头片段剪辑合成，结合动画剧情的需要寻找合适的配音；最后，按照格式规范补充片头和片尾，输出指定格式的成片。

主题：近年来，国家对于环保非常重视，多地已制定了关于垃圾分类的法律法规，本课题从可持续发展理念出发，以动画艺术作为视觉表现形式，以动画的趣味化表现手段，引导人们在生活中养成垃圾分类的习惯，助力城市环保宣传建设。

作品介绍：作品受到《小蝌蚪找妈妈》的启发，故事场景分为两大块：第一是主角在家里玩遥控汽车的场景；第二个是另一个主角在找自己的家的场景。此外，还利用镜头的完美转换来制造有趣的故事情节吸引观众，积极地宣传故事内容所呈现出来的主题，从而加深观众的情感共鸣和观看感受，从而更好地宣传保护环境的重要性。（见图1）

图1 《电池回家》动画广告作品

第二节 普法教育背景下的公益动画广告创作研究

作品名称：民法典在我们身旁

作　　者：赵洪睿

指导教师：刘　坤

创作步骤及方法：见表2

表2　《民法典在我们身旁》创作步骤及方法

阶段	内容
前期	根据课题选择《民法典》中适合用动画表达的法律条文，由生活入手，创造剧情剧本，完成前期的剧本，对人物、道具以及场景进行思考设计，并完成分镜头脚本设计。
中期	首先，根据前期准备的各种设定，运用 Maya、Zbrush 等三维软件进行人物、场景以及道具等模型的制作；其次，在 Maya 里进行细致的绑定调试，在 Substance Painter 中完成材质的绘制工作；最后，根据分镜头脚本在 Maya 中调节动画的关键帧，完成中期的动画制作。
后期	将完成部分在 Maya 中进行渲染工作，将序列帧导出后在 Adobe Premiere 中进行剪辑工作，按照要求制作出相应的片头片尾，导入配音，最终输出。

主题：在"互联网+"时代背景下，如何将冷冰冰的法律条文以更加有趣的形式呈现给大众，如何让广大人民群众做到知法、懂法、守法，是构建新时代和谐、文明、健康社会的前提条件。本课题拟采用动画艺术形式，在深度理解新出台的《民法典》法律条文的基础上，进行动画语言的创造性转化，通过两则趣味性小故事的创新性探索，力争引导人们养成符合社会发展要求的法律观念、法律信仰，形成尊法守法的思想认知和行为习惯。

作品介绍：本主题为"普法教育背景下的公益动画广告创作研究"，主要研究方向为动画广告应用于法治普及教育中的效益与优势。公益动画广告作为国家提倡法律宣传教育的有效手段之一，在提高全体公民的法律意识层面发挥了巨大作用。本主题希望利用动画公益广告这一"寓教于乐"的艺术形式，在晦涩难懂的法律条文基础上，以动画学与广告学为理论支撑，聚焦"普法教育内容情景化与趣味化"的宣传内容，不仅丰富了以往动画公益广告相关研究的成果类型与表现内

容，而且还就进一步加强法制宣传教育，大力推进法制治理，巩固法治国家建设成果贡献了自身的专业价值。（见图2）

图2　《民法典在我们身旁》动画广告作品

第三节　丝路主题动画广告创作研究

作品名称：路（注：该作品入选 PAY ATTENTION TO ART 后毕业季艺术作品展）

作　　者：张朋飞

指导教师：刘　坤

创作步骤及方法：见表3

表3 《路》创作步骤及方法

阶段	内容
前期	考察软件功能，分别是 Maya、ZBrush、Substance Painter、Marvelous Designer、Designer Adobe Premiere、Adobe Photoshop 等，用 Maya 搭建场景，用 ZBrush 建造人物模型和部分道具，在 Substance Painter 上材质导出部分贴图，用 Adobe Photoshop 制作和导出了部分贴图，用 Marvelous Designer 制作衣服和运算布料，用 Designer Adobe Premiere 进行剪辑、特效以及配音。
中期	首先，使用 Maya、ZBrush 进行人物和场景的三维模型制作，用 Marvelous Designer 制作人物衣服；其次，进入 Substance Painter 进行材质绘制；再次，进行绑定人物骨骼和调节人物的关键帧；最后为场景和人物、物品打上灯光。
后期	首先，将完成的镜头用 Marvelous Designer 进行布料结算；其次，导入 Maya 进行渲染；再次，用 Adobe Premiere Pro 制作片头片尾；最后，完成剪辑，导出成品。

主题：丝绸之路作为中外文化交流的重要通道，具有丰富的文化资源。本选题拟从丝路沿线文化遗产入手，选取具有代表性的文化遗产（物质的或非物质的均可），重新进行动画剧本创意改编，在保留选取的文化遗产地民族特色的基础上进行动画化的人物场景再创作，力图使古老的丝路文明在新时代焕发不一样的风采。

作品介绍：该动画背景是中原王朝想和西域诸国建交，便选了一名公主（女主角）远嫁西域，被选中的公主听闻西域贫穷，连衣服和食物都不够，公主起了恻隐之心，出使西域前一晚偷偷将桑种的种子和蚕装进袋子里，将中原的五谷耕种技术和丝绸织法带到西域，使西域的人民摆脱饥饿和寒冷。（见图3）

故事梗概：女主角在走廊被跟踪，当她快被追上时被男主角拉到小房间躲藏。当窗外追兵过去后，两人回到女主角房间，女主拒绝了男主角想要同行西域的请求。男主角走后,女主角梦见他的父亲想将她远嫁西域并态度坚决。她醒来后,带上准备好的东西一个人向西域走去。

图3　《路》动画广告作品

第四节　浅析冬奥主题动画创作助力冰雪产业发展

作品名称:赢(注:该作品获得了天津市教委主办的第八届天津市大学生动漫与数字创意设计大赛动画组三等奖)

作　　者:张　楠

指导教师:刘　坤

创作步骤及方法:见表4

表4 《赢》创作步骤及方法

阶段	内容
前期	经过各类二维软件的使用以及探索最终决定使用 iPad 上的 Procreate 进行初稿的设计绘画、分镜头的设计。
中期	根据前期的设定，运用 Adobe Premiere、Adobe Effects 软件对画面进行调试。
后期	进行所有镜头的整合，将所有相关内容导入 Adobe Premiere 进行剪辑以及输出。

主题：本选题以2022年北京冬奥会为创作背景，以冰上运动为切入点，通过动画艺术的形式讲述一个小女孩在一位速滑奥运冠军资助的冰雪公益教育环境中不断成长，不断在比赛中破纪录，最终成长为优秀的世界冠军，并投身到家乡冰雪产业建设的故事。

作品介绍：该作品围绕主题"坚持"与"梦想"进行创作，巧妙地将奥林匹克精神融入其中，主要讲述了曾经在比赛中无往不胜的女孩在一次比赛中失利了，一时之间失去方向的她突然掉到了一片特殊的空间，在那里她见到了自己的心魔，与其不断斗争，最终战胜心魔，取得冠军的故事。（见图4）

图4 《赢》动画广告作品

第五节　地域性文化资源在动画短片创作中的运用

作品名称：花古兰

作　　者：程　前

指导教师：刘　坤

创作步骤及方法：见表 5

表 5　《花古兰》创作步骤及方法

阶段	内容
前期	在前期筹备阶段，要做到对"花古兰"的全面了解。对于"花古兰"的制作流程、使用场合、大小颜色等方面要清楚了解。最重要的是对其艺术化处理时分寸的把握，以及整体艺术风格的把控。对于剧本、台词要反复揣摩，做到恰当。
中期	完成基础设计后，便要在绘图软件 Sai、PS 中进行角色、场景、背景的细化。细化的同时要时刻注意画面风格的统一。在这个过程中要将画面导入动画制作软件 TVP 中注意观察画面的节奏、动作的协调、场景的转变，以完善最终效果。
后期	在完成所有的片段后，使用视频制作软件进行最后的加工处理。如字幕的添加，画面风格的色彩调整，背景音乐、人物旁白的添加及修正。当最终确认无误后再输出完整影片。

主题：文化与动画是当代艺术创作不可或缺的本源与表里联系，地域性文化资源更是为动画创作提供了取之不尽、用之不竭的灵感源泉，而动画则为地域性文化资源提供了更加丰富的表达途径与表现形式，地域性文化资源中所包含着的大量文化信息，将为动画作品带来更加绚丽多彩的视觉表达。

作品介绍：谈到地域文化自然应该走进日常生活，从身边着手，或者以同样方式观察每人每天衣、食、住、行的各个方面。文化这一概念很大，说不完、写不完、摸不着；但换一个视角来看，文化这一概念也很小。比如：怎么用筷子？每天吃什么，穿什么？无不彰显着地方特色，因此，要做到见微知著。《花古兰》便是如此，一块面团被揉捏成特殊的样式，赋予其特殊的意义。它被人们赋予能力，它的能力又作用于人们。它寄托着人们驱灾辟邪的朴素愿景，寄托着家人对孩子的美好祝愿。它从普通的面团到最终成为华丽的艺术作品，它完成了转变。这就是山西地区精神文化的一个具体缩影。

作品以第一视角回忆自己的过去，追溯主角与"花古兰"的邂逅，以"花古兰"为线索阐述故事，表达主题。第一，需要将该地域文化资源阐述清楚，因为观众并不清楚它是什么，它有怎样的含义。因此，在故事开始便借主角之口作为旁白解释它的含义，而这也奠定了动画影片的叙述方法。第二，在主角的回忆与心理旁白中阐述该文化载体所蕴含的精神寄托。（见图5）

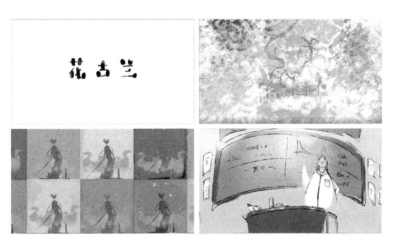

图5 《花古兰》动画广告作品

在该作品中，"花古兰"是引子，背后的人文情感是内核，随着主角的成长，情感得到展现，文化资源与动画形式得到结合，使得故事的内容得到非常好的讲述效果。

第六节　动画艺术助力精准扶贫策略探析

作品名称：与艺同行，以爱汇聚

作　　者：唐　玥

指导教师：刘　坤

创作步骤及方法：见表6

表6　《与艺同行，以爱汇聚》创作步骤及方法

阶段	内容
前期	通过查阅资料、书籍、相关图鉴，了解凉山彝族的服饰风格、民族乐器、民俗节日的知识，构思符合选题的剧情内容，结合凉山彝族地区实景来设计主要场景、角色、道具，并将故事的关键点用分镜头脚本表现。
中期	参考前期的分镜头脚本，主要运用 Procreate 绘图软件对所有场景进行绘制，再在场景中加入人物、逐帧的动态，观察人物动态是否准确，人物与场景相结合的画面是否协调，画面是否完整，画面效果如何。
后期	将完成部分导入 Adobe Premiere 软件进行剪辑，添加配音音频、选定的彝族语背景音乐，添加字幕，片头与片尾按相关要求制作，最终合成输出成片。

主题：2020年作为脱贫攻坚的决胜之年，我国大部分集中连片的贫困地区已脱贫。但不可否认的是，当下我国还存在着一些相对贫困的

地区，如何使这些地区实现脱贫则是我国扶贫事业的重中之重。本选题旨在选取目前我国相对贫困的地区，以"动画艺术助力精准扶贫策略探析"为题进行动画短片创作，通过对该地区的民族特色、文化特色的考察，在保留该地区民族特色的基础上进行动画化的人物场景再创作，努力达到对该地区宣传推广的目的，助力其实现脱贫摘帽。

作品介绍：通过前期对选题充分地分析，该作品将镜头聚焦精准扶贫，最终选择以四川凉山彝族贫困山区为故事来源，讲述的是由导师带领艺术学院学生们参加扶贫公益活动的故事。通过对彝族贫困山区留守儿童形象的动画化表达，绘制具有彝族民族特色的传统服饰，彝族独特的乐器，如月琴、马布、口弦等，背景音乐选取彝族语歌曲，以彝族的传统节日"火把节"为文化背景，希望更多人积极投入到像支教、公益扶贫之类传递正能量的活动中去，提高社会对贫困山区留守儿童的关注度。（见图6）

图6　《与艺同行，以爱汇聚》动画广告作品

第七节　历史文化村镇保护语境下的动画短片创作研究

作品名称：传承保护意识

作　　者：邵锦鹏

指导教师：刘　坤

创作步骤及方法：见表7

表7　《传承保护意识》创作步骤及方法

阶段	内容
前期	实地的勘察了解拟定好剧本，再用二维软件 PS 和 Sai 绘制勘察的场景图、人物设定图以及绘制分镜头脚本。
中期	根据第一部分的成果，用三维软件 Maya 去制作场景和人物，随后进行人物的绑定，接着完成场景以及人物的材质贴图部分，最后根据之前绘制的分镜调整人物的动作以及镜头的摆放位置，并渲染输出完整的序列帧。
后期	用 Adobe Premiere Pro 和 Adobe After Effects 输出成片。

主题：历史文化村镇反映了不同民族、不同地区、不同时代聚落的形成过程，反映了历史祖先的生活方式。它们拥有着丰富的生态景观，是优秀的传统建筑艺术与风格，中华优秀传统文化和全人类不可再生历史文化遗产的重要载体，它是中华民族的精神支柱，是国内动画创作取之不尽的资源。

作品介绍：在短片中，作者多次表达历史文化村镇的细节，利用对比手法，以现代工业建筑的糟粕对比历史文化村镇的美好，来表达对历史文化村镇保护的重要性。（见图7）

图 7　《传承保护意识》动画广告作品

第八节　汉字艺术在动画作品中的应用与再生

作品名称：见字如面

作　　者：胡瀚予

指导教师：刘　坤

创作步骤及方法：见表 8

表 8　《见字如面》创作步骤及方法

阶段	内容
前期	进行素材收集，观看纪录片等了解关于汉字的历史，赏析国内现有的与汉字艺术相关的动画作品，了解不同时代的汉字书写特点。根据学习内容进行剧本创意构思。
中期	进一步考虑短片整体创作风格，进行剧本的文字分镜、分镜头脚本、角色设计，以及道具和场景的设计。

续表

阶段	内容
后期	根据情境选出合适的背景音乐和音效,在软件中进行合成,完成短片创作。

主题:创作的主题是"汉字的魅力",探索动画艺术与优秀传统文化的碰撞,在中国汉字艺术与动画创作相结合的基础上,将中华民族的文字形象经过动态的艺术处理,用动画载体的形式展示最质朴的情感和亲情,营造"见字如面"的感觉,寻找贯通古今的情感表达。

作品介绍:找到契合选题的文章——关正文的《见字如面》中的第一封信:"这场战事不知道还要持续多久"。本片讲述的是战国时期,秦国发动了攻灭楚国的大规模战争,征战到淮阳一带时,他们给远在家中的兄长写了两封信,借用书信中的文字表达体现汉字魅力。全片主要表现:这封家书的每一个字都是有重量的,整个侧重点是写信和读信的双方看到书信时想到对方的生活场景,点题"见字如面"。(见图8)

图8　《见字如面》动画广告作品

参考文献

一、著作

[1] ［英］布莱恩·特纳. Blackwell 社会理论指南 ［M］. 李康, 译. 上海：上海人民出版社, 2003.

[2] 李春玲. 境遇、态度与社会转型——80 后青年的社会学研究 ［M］. 北京：社会科学文献出版社, 2013.

[3] 文军. 西方社会学理论：当代转向 ［M］. 北京：北京大学出版社, 2017.

[4] ［美］曼纽尔·卡斯特. 网络社会：跨文化的视角 ［M］. 周凯, 译. 北京：社会科学文献出版社, 2009.

[5] ［美］杰夫·贾维斯. 分享经济时代：新经济形态, 分享什么, 如何分享 ［M］. 南溪, 译. 北京：中华工商联出版社, 2016.

[6] ［德］韩炳哲. 娱乐何为 ［M］. 关玉红, 译. 北京：中信出版社, 2019.

[7] ［英］大卫·休谟. 人性论 ［M］. 石碧球, 译. 北京：中国社会科学出版社, 2009.

[8] ［德］席勒. 美育书简 ［M］. 徐恒醇, 译. 北京：社会科学文

献出版社，2016.

　　[9]［美］H. 帕克. 美学原理［M］. 张今，译. 桂林：广西师范大学出版社，2001.

　　[10]［美］尼尔·波兹曼. 娱乐至死［M］. 章艳，译. 北京：中信出版社，2015.

　　[11] 王岳川，尚水. 后现代主义文化与美学［M］. 北京：北京大学出版社，1992.

　　[12]［美］约翰·凯利. 走向自由——休闲社会学新论［M］. 赵卉，季斌，译. 昆明：云南人民出版社，2000.

　　[13]［捷］夸美纽斯. 大教学论·教学法解析［M］. 任钟印，译，北京：人民教育出版社，2006.

　　[14] 乔晓光. 中国经验：多元化的非遗传承实践［M］. 南昌：江西美术出版社，2018.

　　[15]［法］古斯塔夫·勒庞. 乌合之众——大众心理研究［M］. 冯克利，译. 北京：中央编译出版社，2014.

　　[16]［英］大卫·赫斯蒙德夫. 文化产业［M］. 张菲娜，译. 北京：中国人民大学出版社，2007.

　　[17]［美］戴维·迈尔斯. 社会心理学［M］. 侯玉波，乐国安，张智勇，等译. 北京：人民邮电出版社，2006.

　　[18]［英］利萨·泰勒，安德鲁·威利斯. 媒介研究：文本、机构与受众［M］. 北京：北京大学出版社，2005.

　　[19]［法］让·鲍德里亚. 消费社会［M］. 刘成福，全志钢，译. 南京：南京大学出版社，2014.

　　[20] 李燕临. 影视广告［M］. 上海：上海人民出版社，2020.

　　[21] 刘建平. 广告美学［M］. 西安：西安交通大学出版社，2019.

［22］［匈］贝拉·巴拉兹. 电影美学［M］. 何力，译. 北京：中国电影出版社，1978.

［23］［美］尼尔·波兹曼. 童年的消逝［M］. 吴燕莛，译. 桂林：广西师范大学出版社，2009.

［24］梁洁梅，朱珠，叶敏. 动画角色造型设计：高等院校"十二五"规划教材·动画类［M］. 南京：南京大学出版社，2013.

［25］刘文沛，庄宜伦. 互动广告创意与设计［M］. 北京：中国轻工业出版社，2007.

［26］王靖杰. 数字化品牌运营：实战攻略＋案例分析＋方法技巧［M］. 北京：人民邮电出版社，2018.

［27］［瑞典］托马斯·迦得. 品牌化思维：引爆用户购买力的十五大品牌逻辑［M］. 王晓敏，胡远航，译. 北京：中国友谊出版社，2018.

［28］［美］邦尼·L·朱丽安妮，A·杰尔姆·朱勒. 广告创意战略（第九版）［M］. 杭虹利，译. 上海：复旦大学出版社，2011.

［29］金定海，郑欢. 广告创意学［M］. 北京：高等教育出版社，2008.

［30］［法］亨利·勒菲弗. 空间与政治（第二版）［M］. 李春，译. 上海：上海人民出版社，2008.

［31］王涛. 动画广告理论与应用研究［M］. 天津：天津科学技术出版社，2019.

［32］闫琰，陈培爱. 中国广告教育三十年研究（1983—2013）［M］. 厦门：厦门大学出版社，2016.

二、期刊

[1] 陈文江，王雄刚.“学术软肋”抑或“边缘价值”——文化社会学视域下的本土化之辩 [J]. 探索与争鸣，2020 (01).

[2] 张晓雯. 信息时代下的数字媒体艺术呈现特色 [J]. 文艺评论，2017 (07).

[3] 袁恩培，陶玉涓. 信息时代广告设计的新维度研究 [J]. 包装工程，2017, 38 (08).

[4] 赵向华. 新生代文化消费心理与行为研究 [J]. 商业经济研究，2020 (21).

[5] Diana Crane, Introduction：Culture Syllabi and the Sociology of Culture：What do Syllabi Tell Us? In AS A Resource Materials for Teaching, The American Sociological Association (1995).

[6] 孙秋云，周浪. 文化社会学的内涵、发展与研究再审视 [J]. 中南民族大学学报 (人文社会科学版)，2016, 36 (04).

[7] 宋月萍. 单身族群带来的文化空间与发展向度 [J]. 人民论坛，2020 (34).

[8] 吴帆. 单身经济. 一种新型消费文化的崛起 [J]. 人民论坛，2020 (32).

[9] 魏鹏举，孔少华. 内生增长视野下的文化产业创新发展思路分析 [J]. 同济大学学报 (社会科学版)，2016, 27 (03).

[10] 宋瑞. 我国国民休闲态度实证研究 [J]. 杭州师范大学学报 (社会科学版)，2014, 36 (06).

[11] 曹仕涛，刘庆帅.“95后”消费观透视 [J]. 青年发展论坛，2018, 28 (01).

［12］李磊. 逆势上扬的"宅经济"［J］. 上海经济，2009（11）.

［13］姜齐平. 网宅经济是整体经济［J］. 互联网周刊，2011（13）.

［14］屈云东，朱力，毛寒. 视觉信息跨媒介传达的形态演变及其生成逻辑探究［J］. 湘潭大学学报（哲学社会科学版），2018，42（06）.

［15］方媛，张捷. 再娱乐——后疫情时期的大众文化消费趋势及对策研究［J］. 南京艺术学院学报（美术与设计），2020（05）.

［16］秦在东，靳思远. "泛娱乐主义"思潮的生成机理、危害及其治理［J］. 思想理论教育导刊，2020（11）.

［17］许宁. 微时代的审美趣味新变［J］. 社会科学辑刊，2014（06）.

［18］王乃琦，刚强. 新媒体时代文创产品叙事模型研究——以故宫文创产品为例［J］. 出版广角，2020（18）.

［19］杨光. 微时代的美育问题及其当代转向［J］. 社会科学辑刊，2019（01）.

［20］范迪安. 建设具有中国文化内涵的"美育学"学科——关于加强"美育学"学科建设的提案［J］. 美术研究，2020（03）.

［21］陈巍. 信息时代的基本特征分析［J］. 商业时代，2007（34）.

［22］魏小令. 微博：碎片化时代的高效整合通道［J］. 市场观察，2011（02）.

［23］员宁波，陈淑珍. 青年群体网络消费特征及影响［J］. 中国青年研究，2015（07）.

［24］罗自文. 网络趣缘群体的基本特征与传播模式研究——基于

6个典型网络趣缘群体的实证分析 [J]. 新闻与传播研究，2013，20（04）.

[25] 熊科伟. 微博语境下广播听众与音乐节目主持人拟社会互动的影响因素研究 [J]. 新闻与传播评论，2016.

[26] 胡疆锋，陆道夫. 文本、受众、体验——约翰·菲斯克媒介文化理论关键词解读 [J]. 学术论坛，2009，32（03）.

[27] 王嘉晨. 新媒体环境下广告二次传播的嬗变 [J]. 新闻世界，2019（12）.

[28] 李岩. 新媒体环境下传统广告创新发展理论与实践 [J]. 北京印刷学院学报，2020，28（11）.

[29] 刘佳佳. 从"鲶鱼效应"看微电影对广告的影响 [J]. 经济论坛，2011（10）.

[30] 刘涛. 大数据思维与电影内容生产的数据化启示 [J]. 当代电影，2014（06）.

[31] 卓识，喻仲文. 沉浸式营销下品牌形象设计特征与传播策略研究 [J]. 包装工程，2021，42（02）.

[32] 臧丽娜. 5G时代基于"场景新五力"的品牌传播场景构建 [J]. 当代传播，2020（06）.

[33] 沈玲. 视觉传播场域中的新媒体广告特征 [J]. 传媒，2020（16）.

[34] 王秀丽. 新媒体视阈下传统文化传播的可视化媒介形象 [J]. 当代传播，2019（05）.

[35] 李卓. 传统文化符号在新媒体广告设计中的运用探索 [J]. 陕西青年职业学院学报，2020（04）.

[36] 李沁，熊澄宇. 沉浸传播与"第三媒介时代" [J]. 新闻与传

播研究, 2013, 20 (02).

[37] 刘书亮. 重访动画影像的"假定性" [J]. 当代动画, 2020 (02).

[38] 许丽颖, 喻丰, 邬家骅, 等. 拟人化: 从"它"到"他" [J]. 心理科学进展, 2017, 25 (11).

[39] 费中正. 作为技术商品、符号环境和特殊文本的传媒——斯弗斯通的驯化理论探析 [J]. 理论月刊, 2011 (11).

[40] 季丽莉, 郭晓丽. 新媒体背景下广告的社会文化意义 [J]. 山东理工大学学报 (社会科学版), 2019, 35 (05).

[41] 王军元. 论广告主题 [J]. 中国广告, 2008 (05).

[42] 白建磊, 丁海猛. 谁是广告的灵魂?——广告创意、广告主题和媒体策略的地位思考 [J]. 广告大观 (综合版), 2008 (02).

[43] 徐莉莉. 新媒体环境下的广告主题表达 [J]. 新闻爱好者, 2011 (23).

[44] 侯雁, 李炼. 低价营销策略的成功基础与约束条件 [J]. 商业时代, 2006 (08).

[45] 蔡建军, 陈鑫. 论微电影广告的情感诉求与表现——以百事可乐《把乐带回家之猴王世家》为例 [J]. 美与时代 (上), 2016 (05).

[46] 小智. 为什么要玩广告?——光明玫瑰酸奶"几米篇"创意幕后点滴 [J]. 中国广告, 2003 (12).

[47] 张昆. 高校新闻传播类专业课程建设的思考 [J]. 新闻与写作, 2020 (02).

[48] 康瑾, 张一虹. 中国高等学校广告专业伦理教育研究 [J]. 中国大学教学, 2018 (12).

［49］丁俊杰，宋红梅.“功用性”建构中的生存与发展——中国广告教育实践四十年解析［J］.现代传播（中国传媒大学学报），2019，49（11）.

［50］黄薇.基于“课程思政”教育模式的广告学专业课教学改革研究——以公益广告课程为例［J］.传媒，2019（09）.

［51］刘祥，丁俊杰.从“而立”到“不惑”：中国广告教育发展的历史考察［J］.中国广告，2018（10）.

［52］杨保军.论新闻的价值根源、构成序列和实现条件［J］.新闻记者，2020（03）.

［53］DE PELSMAKER P，GEUENS M. Emotional appeals and information Cues in Belgian magazine advertisements［J］. Internation Journal of advertising，1997，16（02）.

三、论文

［1］缪浩然.中国和北美文化背景下暗示型平面性诉求广告心理效果的比较研究［D］.苏州：苏州大学，2014.

［2］郜明.批评理论视角下广告文化的哲学解读——意识形态传播模式在广告文化领域的应用研究［D］.上海：上海大学，2017.

四、报纸

［1］宋磊.新《广告法》对动漫产业有何利好［N］.中国文化报，2015-09-14.

五、电子资源

［1］国务院.国务院关于积极发挥新消费引领作用加快培育形成新

供给新动力的指导意见［EB/OL］.中华人民共和国中央人民政府网，
2015-11-19.

［2］中华人民共和国教育部.教育部等八部门关于加快构建高校思
想政治工作体系的意见［EB/OL］.中华人民共和国教育部，2020-
04-22.

后　记

　　这是笔者近几年教学与科研的一个阶段性成果，笔者在本书的写作过程中，从理论阐述方面汲取了不少学术前辈、同人的精粹和深刻的见解，在此深表敬意！

　　本书所研究内容与笔者前期的积累、探索、思考密不可分。其一，笔者近年来担任《动画广告》课程的主讲教师，在授课过程中的一些积累，对本书的后续研究方向奠定了一个初步的实践基础，尤其注重对动画广告在信息时代背景下课程思政建设路径的探索；其二，三年前，笔者曾作为主要参与人完成天津市艺术科学研究规划项目一项，并依托此项目参与出版学术专著一部，对本书的后续研究奠定了初步的理论基础；其三，笔者在完成繁忙的教学任务之后，会经常抽出时间阅读与本书研究内容相关的文献，并形成了一系列的思考，认为在信息时代，社会大众表现出了"泛娱乐"审美趣味，其在文化消费方面不仅有"娱乐至死"的隐私消费需要，还有"参与-贡献-分享"的创造性自我实现的心理需求，同时还表现出了群体性从众消费心理、个性化需求与差异性消费等特征。因此，信息时代各品牌针对不同目标群体开展营销传播活动，必须首先抓住消费者的心理，并根据互联网多媒体融合特点，提供跨媒体、跨文本的多元化产品组合，其中广告作为营销传播的一种手段，在各品牌与大众之间架起了一座互相沟通的桥梁。基于以上三点，笔者于 2021 年成功申报并立项天津市教育科学规划青年一般课题（课题编号：EIE210305），本书作为该课题的研究成果，比较真实地反映了笔者近几年思考求索的实际，但本课题的研究还有很多不足的地方，今后尚需进一步深入研究完善，为此虚心求问。

著作《信息时代大众文化消费与动画广告的关系研究》的出版，也同样离不开家庭对笔者的默默支持，笔者想能写出这些文字是他们在时间上给予笔者最昂贵的付出与包容！也要感谢 2021 年度天津市教育科学规划青年一般课题（课题编号：EIE210305）与天津市教委特色学科专项对本著作的支持，还要感谢光明日报出版社的各位编辑老师，你们严谨的工作态度是本书顺利出版的重要保障，最后，感谢天津商业大学的领导和同人对笔者的关心和帮助！在此表示衷心感谢！

感谢过往，虽然笔者的著作很多观点也许还不成熟，但都是基于现阶段思考的结晶，希望各位前辈智者、业内专家学者、各校同行师生们能够不吝赐教、鞭策指正，以激励笔者在今后的岁月里进一步不断地深入研究。

刘坤

2022 年 12 月于天津